TRANSALPIN

Du même auteur :

Clichy, La Martinière, 2013.
Harmonie, harmonie, La Martinière, 2014.
Un ours qui danse, La Martinière, 2016.
Presqu'île, Fayard, 2017.

Vincent Jolit

Transalpin

roman

Fayard

Couverture : Hokus Pokus

ISBN : 978-2-213-71659-6

« Et sur lui vient le désir, qui l'excitait par la vue. »

Empédocle, *Fragments*

« Le peintre est boucher certes, mais il est dans cette boucherie comme dans une église. »

Gilles Deleuze,
Francis Bacon, logique de la sensation

Avant même que n'apparaissent les couleurs, se débattant ainsi dans l'obscurité, dans le noir et le gris du Piémont – peut-être parce que les peintres piémontais n'avaient jamais su magnifier leur environnement ou furent insuffisants et pour la plupart incompétents ; peut-être parce que Dieu avait quitté les lieux sans achever son travail –, une femme et un homme piochent la terre noire et gelée d'un champ immense et vide que le vent – les lames et le bruit du vent – remplit avec une terrible obstination, expliquant probablement que, le matin même, le bœuf, malingre et résigné, n'en pouvant plus de moissonner, n'ait pas voulu sortir de l'étable (à moins qu'il ait compris, avant les hommes, l'inutilité de tout), piochent la terre ou plutôt tentent de la creuser tant celle-ci résiste, refuse de s'ouvrir, de s'offrir, refus auquel assiste un nourrisson assis au pied de l'unique petit arbre, chétif, nu, placé dans le champ comme par mégarde, tellement unique et chétif qu'il (l'arbre) en est non pas ridicule mais paradoxalement impressionnant, car révélant à lui seul le drame qui se joue, alors que le nourrisson, inconscient et pourtant terrifié (ou sidéré), demeure immobile, assis contre le filiforme tronc, sans quitter des yeux ses parents, avec dans ses traits mous un questionnement, ce questionnement toujours présent sur son minuscule visage lorsque, quelques heures ou quelques jours plus tard, il se trouve dans les bras de sa mère qui fixe avec un mélange de soumission et de fatigue un individu en tenue bleue – un métayer ou une autorité quelconque – qui la paye de quelques pièces froides et ternes, tandis que le mari, avachi comme on s'abandonne sur un banc en pierre, semble ne pas être là, le regard lancé au loin dans le vide, abattu, épuisé, gris, sans espoir ni colère, attendant certainement que la transaction s'achève pour que quelqu'un – son épouse – lui indique le moment de partir, peut-être en l'aidant à se lever, car, malgré ses bras musculeux, tout son corps paraît sans force, à l'image de ses jambes pendantes, inertes, au bout desquelles les sabots lourds sont calés contre la lame de la grande faux au sol que l'homme ne tient plus qu'à peine, cette lame dont le tranchant, hostile et provocateur, est tourné vers son propre corps comme pour lui indiquer la présence quotidienne, familière de la mort.

*

Les corps aussi résistent et les enfants grandissent. Avec les années, les paysans s'installent à travers la campagne piémontaise. On peut imaginer des intérieurs rudimentaires, une grande table en bois, une vaisselle sommaire, une famille rassemblée devant l'âtre. L'absence de latrines, malgré les progrès réalisés depuis des années dans le domaine de l'hygiène, transforme les abords de la maison en un champ d'immondices. Dans les régions les plus pauvres du Piémont, la nourriture du paysan est principalement composée de pain de froment, de seigle ou de farine mélangée (*barbariato*), de soupe à base de pain, de polenta (préparée une seule fois pour toute la journée) que l'on accompagne d'ail, de lait, de petit-lait, de châtaignes ou, en période faste, de saucisson. Le vin, même coupé et recoupé à l'eau, est quasiment absent des repas, tout comme la viande, qui n'est consommée que lors des fêtes patronales ou quand un animal meurt de maladie non infectieuse. Plus coloré, le goûter pris l'été n'en est pas moins élémentaire : oignons dans lesquels on croque à pleines dents, pastèques et poivrons assaisonnés au sel délicatement saupoudré par celui qui sera nommé l'arrière-grand-père, debout, un peu surpris par la fraîcheur de cet après-midi de juin, agréablement surpris même, car les journées s'impriment moins sur la peau, mais craignant davantage l'arrivée des grosses chaleurs et avec elles le retour d'une sorte d'amertume, un sentiment qu'il connaît depuis quelques années maintenant et qui s'est accru avec la naissance de son fils, une brûlante impatience accompagnée d'un dégoût à l'encontre de sa condition paysanne, mais aussi la certitude qu'il n'est pas à sa place ici, ou plutôt qu'il ne veut plus de tout ça, qu'il en a marre, de la fatigue, du froid et de la boue, de la polenta à chaque repas, c'est cela, il en a marre, même s'il est encore jeune, il a déjà trop vu – nourrisson adossé à l'arbre chétif qui n'a jamais grandi ou jeune homme bêchant lui-même le sol – d'hommes et de bêtes disparaître dans des sillons infertiles, il a trop éprouvé les gelées et les sécheresses, les récoltes emportées par la pourriture, trop vu d'enfants malades, et lui, l'incroyable fils unique alors qu'ici les fratries poussent comme les récoltes – entre chaos et abondance –, lui qui est père désormais, lui qui peine, comme ceux qui l'ont précédé – les ancêtres –, à subvenir aux besoins de son épouse et de son fils, il désire quitter le Piémont, partir, laisser derrière lui cette terre ayant produit si peu de peintres, cette terre sans Dieu, il veut s'installer en France, où, son ami Stefano l'affirmait, il trouvera du travail et pourra nourrir sa famille, il suffit d'être un peu malin, répétait son ami Stefano, pour se faire une bonne place à l'usine, et puis sinon il y a la côte méditerranéenne, disait toujours Stefano, au moins ils seraient tout le temps au soleil, et tout ça – l'usine, le soleil – plaît beaucoup à l'arrière-grand-père qui, c'est décidé, va rejoindre Stefano, son ami dont il n'a plus aucune nouvelle depuis son départ il y a cinq mois, mais il ne se fait aucun souci pour Stefano, car, malin comme il est, il a certainement dû déjà se faire une situation, donc, très bien, c'est décidé, l'arrière-grand-père veut gagner la France en traversant les Alpes avec sa femme et son fils. « Si quelqu'un a mis des montagnes à cet endroit, c'est bien pour empêcher les hommes de passer », lui dit-on. Bientôt, lorsque les premières pluies pénétreront ses os et que les pleurs de son enfant ou plutôt ses gémissements devenus cris lui transperceront les tympans où ils (les cris) s'installeront, il se souviendra de cette phrase – « Si quelqu'un a mis des montagnes… » – prononcée dans un ultime emportement par sa mère inquiète, qui, peut-être, scella le sort de son fils (l'arrière-grand-père) et de sa famille en jetant sur eux, à travers cette naïve proposition – les montagnes barrent la route aux hommes –, comme une malédiction, certes involontaire, mais tragiquement réaliste au vu de leurs difficultés à avancer sur les chemins caillouteux reliant l'Italie à la France, Bagnolo Piemonte,

Piémont, à n'importe quelle ville française où, si Dieu veut, il trouvera un emploi. Il se souviendra de cette phrase qui raisonnait dans la pièce désormais vide tel un lugubre avertissement – mais peut-être s'agissait-il d'une promesse ? – lorsque ralentis par la faim, les insoupçonnables intempéries et une mule récalcitrante harnachée et surchargée déraisonnablement – cette chaise à peine rempaillée qui frappe avec une parodique régularité le flanc de la bête, lui suggérant ainsi un rythme que l'animal ignore – comme pour gagner un caravansérail d'opérette inatteignable, il (toujours l'arrière-grand-père) se maudira d'être parti si tard, d'avoir laissé passer l'été, car, son fils étant tombé malade en juillet, il avait souhaité attendre sa guérison pour prendre la route, une guérison toujours attendue septembre venu, pire, la maladie empirant, il pensa alors que le pays était la source des maux de son enfant et il voulut fuir séance tenante, malgré l'arrivée de l'automne, ce Piémont de malheur pour sauver son fils, mais bientôt il le croira perdu, lorsque le froid s'installant sur leur route, le froid et quelques neiges précoces, décourageantes, terribles, des neiges déposées sur les arbres par des bras de glace, ou non, une vague de givre gonflant dans le ciel, l'enfant n'aura même plus assez de force pour pleurer, sa mère pleurant pour lui, l'arrière-grand-père se souviendra de cette phrase – « Si quelqu'un a mis des montagnes… » – et voudra en finir, n'avancera plus, se laissera tomber, et apercevra au loin dans le ciel orange et gris coupé en deux, déchiré, dévoilant son ventre blanc, ce qu'il interprétera comme étant le retour d'un Dieu hostile, colérique et inflexible – le Dieu terrifiant et meurtrier de Noé et de Moïse –, venu jusqu'à lui, sous la forme d'un orage de cataclysme, c'est-à-dire en versant sur les montagnes des océans de pluie et emportant dans un torrent les pierres, les arbres et les bêtes, afin de rappeler sa puissance à celui qui doutait de Lui, puis, comme par miracle, le vacarme s'arrêtera et l'arrière-grand-père se retrouvera de l'autre côté des montages et sa femme ne pleurera plus et son fils sera moins malade et un inespéré soleil d'octobre les accueillera en France où l'arrière-grand-père poursuivra sa vie.

*

S'il comprend, dès la fraction de seconde qui suit l'impact, que celui-ci n'est pas mortel – simple hoquet de la tête, aucune perte d'équilibre, trajectoire descendante du projectile, crâne dur –, l'arrière-grand-père reste stupéfait, non par l'aspect presque végétal du caillou difforme (telle une flaque) et poreux (telle une éponge) qui, après l'avoir percuté trois centimètres au-dessus de l'oreille gauche, s'est mollement écrasé au sol, laissant une fine pellicule de poussière atténuer la tache de sang, mais par le bruit minéral et tenace qui depuis le choc ondule et raisonne dans sa tête, rappelant celui d'un meuble tiré sans aucune patience dans une pièce vide associé au son agressif d'une pelle frappant le métal, un bruit qui, par son étrange familiarité avec les objets, le terrorise et fait passer la douleur pour une banale et accessoire manifestation de l'organisme, une sorte de sonnette d'alarme timide et ridicule, mais surtout plonge l'homme dans une absence ou plutôt l'exclut du réel, du présent, le fige un instant et annihile toute possibilité de réaction, le laissant là, idiot, sans défense et sans colère face aux hommes qui l'insultent et, puisque ces satanés ritals ne réagissent pas, s'apprêtent à jeter d'autres pierres sur le groupe des travailleurs, d'autres pierres sur l'arrière-grand-père – puisqu'il est l'un de ces travailleurs, de ces saliniers pour être précis, et ce, depuis maintenant plus d'un an, mais peu importe, il est toujours l'étranger – qui ne bouge toujours pas, ou alors sa main qu'il serre et transforme en poing, nullement pour signifier sa rage, pour annoncer sa furie, mais seulement parce qu'à force de manier sa pelle, de pousser sa brouette pour récolter le sel, ouvrir et fermer sa main – geste machinal, tic – le soulage ou l'occupe, et là encore il ferme et ouvre sa main tandis que le bruit décrit comme minéral et tenace se poursuit dans son crâne, que la douleur – celle de la pierre percutant sa tête trois centimètres au-dessus de l'oreille – se dissipe peu à peu, bien que le sang striant le côté gauche de son visage n'ait pas encore coagulé et qu'il ne pense pas tant aux ouvriers français qui hurlent et promettent la mort aux salauds de ritals dont il fait partie (il ne les entend plus, ces hommes qui hurlent), mais, étrangement – parce qu'il en a vu des tonnes –, au sel qui, par moments, lorsqu'il cristallise, lorsque l'eau s'est évaporée, ressemble à la neige un peu sale, un peu grise, se souvient-il, que les enfants ramassaient de leurs mains violettes aux abords de l'usine dans laquelle il avait trouvé, à défaut de son ami Stefano, du travail avec l'aide de Gianni, un Piémontais comme lui, mais de Revello, habitant la France depuis quelques années, seul – enfants et épouse restés au pays –, qui, par pitié ou cette toujours étonnante fraternité géographique, a accueilli celui nommé l'arrière-grand-père, sa femme et son fils à leur arrivée, sans les connaître, parce qu'en voyant le couple resserré, hagard sur un banc sous des couvertures avec l'enfant dans leurs bras, leur regard hébété, comme s'ils étaient persécutés, poursuivis, il (Gianni de Revello) comprit immédiatement de quoi il était question – d'immigrés piémontais ne sachant quoi faire en France – et il décida, car sa famille lui manquait, d'aider cette famille-là tout en la faisant sienne, en l'adoptant en un sens, alors il leur offrit un toit, puis il convainquit son chef d'équipe d'engager l'arrière-grand-père à l'usine, et les choses se passèrent ainsi, mais l'enfant ne guérissait pas, toujours pas, l'enfant, malade depuis leur départ, ne cessait de tousser et de pleurer et de geindre, peut-être parce que, finalement, le climat italien valait bien le français, à savoir qu'il ne faisait pas plus chaud, pas meilleur ici que là-bas, le froid était ici aussi brutal que là-bas, l'enfant ne guérira jamais, disait l'arrière-grand-père à son épouse, il faut que nous allions plus au sud, aller plus au sud et laisser derrière eux la minuscule mais positive chance d'enfin s'en sortir que représentait le travail à l'usine, et ce, dans l'espoir, presque de la superstition, que le soleil guérisse l'enfant, c'était tout, partir à la recherche du soleil, comme des conquistadors pauvres et un peu fous, des conquistadors paysans armés de leurs pelles, et Gianni (l'homme de Revello installé en France sans sa famille) dit aux époux qu'il pouvait encore les aider, indirectement cette fois-ci, car son cousin de Coni se trouvait dans le Sud, justement, où il travaillait dans le sel, enfin dans la récolte du sel, même que de simple saisonnier il était devenu ouvrier du salin et, d'après Gianni, c'était vraiment quelque chose, il pourrait, ce cousin, s'occuper d'eux comme lui l'avait fait, aussi ont-ils repris la route en direction du Sud et du cousin, du soleil et d'un nouveau travail, conquistadors pauvres, donc, ou soldats fuyant la débâcle, car ce sont eux les vaincus, n'en déplaise à de plus en plus de Français, terrorisés, dénonçant la colonisation du pays par une armée d'étrangers, d'envahisseurs, les Italiens, les ritals, ces voleurs de travail, ces malfrats pouilleux, qui obligent l'État français à instaurer des quotas ritals, c'est en tout cas ce qu'annonça le cousin de Gianni à l'arrière-grand-père dès son arrivée, sans aucune hostilité ni véhémence, juste pour bien lui faire comprendre qu'il (l'arrière-grand-père) faisait partie, avec sa femme et son fils, de cette armée de sans-grade, cette armée d'êtres dégoûtants qu'abhorrent les Français et qu'il sera donc compliqué de travailler au salin, surtout qu'il n'a aucune expérience dans la récolte du sel, mais bon, comme quiconque au début, il faut bien commencer, déclara le cousin, je m'appelle Marco, dit-il ensuite, bienvenue, et l'arrière-grand-père, épuisé, ému (surtout parce qu'il était épuisé), essuya une larme sur sa joue, car, malgré les avertissements et les réserves de Marco, il y avait dans son « bienvenue » (*benvenuti*) quelque chose d'amical, non, de fraternel, quelque chose de tellement piémontais, pensa l'arrière-grand-père, qu'il en fut bouleversé et s'imagina qu'il ne trouverait rien ici qui ne soit insurmontable, il suffisait de mettre du cœur à l'ouvrage, de débusquer les menus travaux – agriculture, cueillette, gros œuvre, bâtiment – qui permettront de vivre durant la moitié de l'année dans l'attente de la récolte, puisqu'il était là pour le sel, attendre les quatre à cinq semaines de récolte, trouver un chef de bricole afin d'être engagé sous sa responsabilité, un chef de bricole spécifiquement en charge des Italiens et entrer dans son équipe, dormir dans la même cambuse devant laquelle la compagnie dépose pour chacun un ballot de paille qui fera office de couchage, puis, le matin, à l'aube, débuter sa journée de dix heures trente de labeur à briser la croûte de sel pour former des tas à même la table salante, les disposer en gerbes ou en javelles, ensuite, parce que les prix sont fixés à la brouette chargée, pousser celle-ci en dehors de la table salante en la faisant rouler sur les planches, l'emmener ensuite sur le plan incliné jusqu'à atteindre le sommet de la camelle, cette sorte de montagne blanche et brillante, comme enneigée, qu'il faut, Sisyphe transalpin, gravir, escalader plusieurs fois par jour pioche à la main tels de véritables montagnards, sauf que leurs jambes et leurs bras de Piémontais sont désormais des pierres qu'ils doivent encore actionner le soir pour couvrir de chaume ou de tuiles les gerbes restées sur la table salante, et ce, par crainte des orages, qui transforment en quelques heures le quotidien de l'ouvrier salinier, encerclé de marais, en enfer où, plus encore que la brûlure du sel, triomphent les moustiques, goulus et sanguinaires, et bientôt les maladies paludéennes, mais elles aussi, l'arrière-grand-père s'est dit qu'il les surmonterait pour que son fils guérisse au soleil et que sa femme prenne des couleurs, et même que, peut-être, il demanderait la nationalité française et qu'alors il ne serait plus saisonnier volatil, mais ouvrier officiel des salins, et qu'alors il pourrait lui-même préparer le chantier, déplacer les plateaux de roulage et les plans inclinés, aussi au bout de plusieurs mois difficiles, rudes mais offrant ce qu'il était venu chercher avec son épouse : le rétablissement de son enfant, décida-t-il de quérir cette nationalité française que oui, on lui octroiera d'ici peu, mais en attendant, aujourd'hui, comme pour lui rappeler qu'il est encore seulement un Piémontais venu voler le travail des Français, il reçoit un caillou en pleine tête, ce n'est rien, pense-t-il, nous serons bientôt à l'abri, et il ne s'arrête pas et continue à marcher malgré le sang qui lui coule dans l'œil, malgré les cris et les insultes des cinq ou six cents Français qui encerclent le groupe de cinquante Italiens que les gendarmes, démunis et hallucinés, tentent d'escorter vers on ne sait où, vers plus loin, vers là où le risque aura disparu, mais plus probablement vers la gare, car, pour calmer les émeutiers et éviter un bain de sang, le capitaine de gendarmerie a promis de chasser les Italiens, leur faire déguerpir les lieux une bonne fois pour toutes, promesse sincère du capitaine de gendarmerie ne sachant plus comment éteindre le feu qu'une innocente dispute devenue violente altercation au couteau a allumé ce matin, suscitant ainsi un mouvement de haine – bave, grognement, sang – autour du salin, amenant les Italiens, n'en pouvant plus d'être humiliés, d'être molestés, à se rebeller puis à se calmer pour ne pas se confronter aux autorités – espoir de travailler encore, de devenir Français –, mais un feu attisé par les trimards qui sont allés raconter en ville que des Italiens tuaient des Français, ces derniers, quels qu'ils soient, s'organisant afin de gonfler leurs rangs pour subitement fondre sur les marais salants comme une armée shakespearienne dévale la lande, et s'abattre, coulée de lave impossible à refroidir, sur un petit groupe d'Italiens au repos dans lequel se trouve l'arrière-grand-père qui maintenant, depuis que les gendarmes livides forment un bouclier fragile et pénétrable autour d'eux, avance lentement, poing serré main ouverte – ne cessant toujours pas de fermer puis d'ouvrir sa main non plus machinalement ou afin de soulager son membre rompu par le maniement de la pelle et le déplacement de la brouette, mais nerveusement, comme un spasme – en se répétant qu'une seule pierre a été lancée par la foule, ce n'est rien, ce n'est qu'une pierre, et à peine l'a-t-il pensé que d'autres pierres tombent sur le groupe auxquelles succèdent coups de bâtons et de gourdins, alors gendarmes et Italiens se mettent à courir mains sur la tête, puis, comme par réflexe – instinct de survie –, les gendarmes s'écartent de quelques mètres, juste un petit peu, assez pour dévoiler le groupe des Italiens devenu cible à peine mouvante, masse compacte, carapace dans laquelle, puisque des fusils apparaissent dans la foule grondant d'une animale colère, les balles vont se figer par rafales, se figer puis percer la carapace dans le but de tuer, de tuer des Italiens, et neuf hommes vont donc mourir, Carlo Tasso d'Alessandrie, Vittorio Caffaro de Pignerol, Bartolomeo Calori de Turin, Giuseppe Merlo de Centallo, Lorenzo Rolando d'Altare, Paolo Zanetti de Nese, Giovanni Bonetto d'on ne sait où, ainsi que Secondo Torchio dont on ne retrouvera jamais le cadavre, neuf morts auxquels s'ajoutent plusieurs dizaines de blessés, certains trop gravement pour être transportés et qui mourront bel et bien, loin de chez eux, des suites de leurs blessures ou du tétanos, ce que ne verra pas l'arrière-grand-père – qui n'aura finalement reçu qu'une seule pierre ; aucun coup de gourdin, aucune balle – parti précipitamment, non dans le train des refoulés, des rejetés, des renvoyés chez eux, mais en carriole dès le lendemain, avant que le jour se lève, avec sa femme et son fils guéri, et non pas pour retourner en Italie, mais pour se rendre sur ce que l'on commence à appeler la Côte d'Azur, où Marco leur a conseillé d'aller, tu es presque français désormais, dit Marco à l'arrière-grand-père avec un soupçon de cynisme ou de naïveté ou de bêtise, et tu es un bon ouvrier, tu trouveras facilement une place dans un autre salin où vous serez en sécurité.

*

Il est mort sans même s'en rendre compte, c'est-à-dire dire sans même entendre ni voir l'explosion, l'obus lui tombant dessus, presque de façon comique, le coupant en deux avant de l'éparpiller sur plusieurs dizaines de mètres, fauchant au passage d'autres soldats, d'autres camarades qui eux virent et entendirent l'explosion, certains se figeant, ahuris, une fraction de seconde avant d'être touchés, hébétés, presque hilares en voyant l'obus tomber sur le caporal, en assistant une fraction de seconde – avant d'être eux aussi touchés – à cette scène tellement invraisemblable que personne n'y crut sauf la famille du caporal, et ce, alors même que personne ne vint leur dire quoi que ce soit à ce sujet, sur sa mort, car personne n'en savait rien, il était mort au combat à quelques mètres de la tranchée qu'il souhaitait rejoindre (sur ce point il y eut des témoignages), mais son corps ne fut jamais retrouvé, ni même un de ses membres ou bien ses dents ou son casque, laissant penser à une sorte de disparition, un effacement, comme s'il eût été avalé par la terre ou vaporisé dans l'air de façon suffisamment extravagante pour que quelqu'un

– mais on ne sait qui – échafaude cette hypothèse stipulant que l'obus lui était tombé directement dessus, hypothèse somme toute recevable, car, oui, certains le virent à quelques mètres de la tranchée, à l'endroit même où l'obus vint s'écraser, puis il n'était plus là ensuite, vivant comme mort, alors c'est cette hypothèse qui fut acceptée par la famille – indéfectible besoin de donner un sens aux événements, de ne rien laisser dans le vide, en suspens, sans explication –, c'est en tout cas cette histoire que le père endeuillé du caporal raconta à ses collègues saliniers, puis plus tard à son petit-fils, en la complétant pour ce dernier par quelques éléments biographiques, pas tant dans le but d'éclairer l'enfant sur celui qui fut son père, un père (le caporal) dont il (l'enfant) ne se souvenait pas même de la silhouette, mais avant tout pour tenter de comprendre, en ressassant les faits, comme si à force de les malaxer une quelconque vérité pouvait s'en extraire, pourquoi les choses se passèrent ainsi, avec pourtant la certitude, issue d'une certaine propension au tragique, qu'elles n'auraient pu se passer autrement qu'ainsi, dans leur absurdité fondamentale, et justifiant ce point de vue en soulignant dans son récit les efforts vains, notamment lorsqu'il abandonna le Piémont et le froid et la boue avec son épouse pour sauver son enfant (le caporal) qui ne cessait de tousser ou lorsqu'il quitta le froid et le travail à l'usine afin de rejoindre un premier salin – où il faillit mourir – dans le seul but d'éradiquer la maladie de son enfant en lui offrant davantage de soleil, ces épreuves endurées pour la guérison d'un enfant qui est mort désormais, coupé en deux par un obus, rendant un peu inutile ce départ dans l'espoir de mener une vie tranquille, une vie paisible malgré le dur labeur quotidien, ce départ dans le seul but de nourrir son épouse et son fils unique, et les sacrifices consentis pour que l'enfant aille à l'école et obtienne un diplôme, ait une situation, projet qui semble aujourd'hui ridicule tant il fut un échec, pas seulement parce que l'enfant puis l'adolescent se montra incapable d'obtenir un diplôme et devint, comme son père, ouvrier salinier, mais bien parce qu'il fut découpé – avalé par la terre ou vaporisé dans l'air – par un obus, à vingt-cinq ans, avec comme seule réussite dans sa courte existence son grade de caporal et, lui aussi, un fils qu'il réussit à faire à une jeune paysanne, un autre fils unique, donc, pensait le père du caporal – celui appelé l'arrière-grand-père –, peut-être parce que leur lignée ne devait croître que lentement, de façon chaotique et hésitante tant elle paraissait sans valeur, sans aucune importance, comblant difficilement, dans la souffrance, sans lueur, un espace-temps infinitésimal et sombre de l'univers, mais le comblant tout de même, une modeste lignée se perpétuant par à-coups en tentant hasardeusement de faire sourdre une certaine cohérence, comme lorsque l'orphelin enfant du caporal, bien qu'élevé par une mère seule, tendre et possessive, possessive au point de parfois dissimuler sa tendresse, qui, parce que ses racines étaient foncièrement françaises, ne lui a rien transmis de piémontais, développera un incompréhensible attrait pour tout ce qui était de près ou de loin italien et, surtout, aimera plus que tout rendre visite à son grand-père aux salins, pouvant rester des heures à le voir pelleter ou pousser sa brouette, des heures à contempler la croûte de sel et les cristaux, puis, devenu adolescent, décidera de sublimer la « tradition familiale du sel » (les mots sont du grand-père en question) en devenant apprenti boucher, comme si, toujours selon ce grand-père dont l'esprit corrompu par la tristesse et le souvenir du caporal mort deviendra de plus en plus poreux, il lui semblait nécessaire de franchir une étape, passer un palier en entreprenant une sorte de transition entre le sel et la viande, mettant ainsi en lumière un irrévocable lien – assaisonnement, conservation, préparation – offrant à cette lignée une promotion, pour ainsi dire, du simple condiment à la possibilité d'un repas, c'est-à-dire le surplus de valeur que l'aïeul escomptait, mais ne représentant rien – pas de promotion, pas de surplus de valeur – pour quiconque demeurait étranger, extérieur à ladite lignée, à savoir toutes les personnes, collègues et amis à qui le grand-père de l'adolescent soumettra cette théorie, ces collègues et amis qui, discrètement ou sans se cacher, se moqueront du grand-père de l'adolescent et de ses interprétations généalogiques, car oui, en effet, pour ces personnes-là qui ne verront pas les choses avec les yeux du grand-père, c'est-à-dire des personnes imperméables au fantasme, à la fiction glorieuse que l'ascendance projette sur sa descendance, devenir apprenti boucher plutôt que salinier n'est pas et ne sera jamais ce que l'on appelle une promotion.

*

Un adolescent qui, une fois adulte lié lui aussi à une paysanne en tous points identique à sa mère, fut employé comme boucher chez Bernard & Fils – alors que monsieur Bernard n'a eu que des filles et que bien des clients crurent que l'employé était le fils inscrit sur la devanture de la boucherie –, où il se révéla un excellent artisan et même pour certains un artiste, c'est-à-dire, à force d'application et de soin, faisant quotidiennement preuve d'une remarquable dextérité à travers des gestes sûrs, précis, mais non dépourvus d'élégance, et même d'une sorte de puissance érotique – aussi érotique que peuvent l'être certains guerriers –, un boucher magnifiant le travail de la viande au point d'en faire un art, un maître dans l'art de la boucherie, donc, ayant acquis une notoriété dont tirait gentiment profit monsieur Bernard qui pensait inscrire son employé à d'éventuelles foires, à des concours existants ou à créer, mais qui, en attendant, usait de la réputation de son protégé et organisait, pour ainsi dire, une à deux fois par semaine, tout en feignant le hasard, en clamant son innocence et sa surprise, de véritables numéros auxquels assistait, remplissant le magasin comme parfois à l'approche de Noël, un public de clients admiratifs – pour la plupart des gens simples ignorant tout de l'art, mais se fascinant dès lors que leur apparaît un talent pratique, c'est-à-dire cette faculté qu'ont certains êtres de développer, dans un domaine modeste, un savoir-faire supérieur à la moyenne, une façon d'exercer son métier comme s'il s'agissait d'un don – venus se délecter du spectacle pourtant primaire et originel de la découpe d'un demi-bœuf par un individu maniant couteau et hache à la manière d'un chirurgien excentrique. Aussi celui qu'il est nécessaire d'appeler le père se mit-il à croire à son talent et accepta de participer à un de ces concours régionaux auxquels pensait son patron et il s'y rendit et, sans fournir davantage d'effort, sans connaître la peur du compétiteur, découpa un demi-bœuf comme il en avait l'habitude et remporta le premier prix en pulvérisant même le précédent record et, ce dont il fut le premier surpris, cette petite et éphémère gloire lui procura beaucoup de fierté et il se laissa submerger par ce sentiment, déclarant même à son épouse que son père qu'il n'avait pas connu aurait lui aussi été fier, comme le sera son grand-père dès qu'il le saura, dès qu'il l'en informera, imaginant d'ailleurs la réaction du vieux salinier qui dira probablement quelques mots au sujet de ses prédictions et de son étrange idée de promotion de la lignée, une lignée à laquelle le boucher pensa de plus en plus, comme si sa victoire l'avait allégé de quelques angoisses, de quelques peurs concernant la paternité jusqu'ici désirée mais envisagée avec crainte tant le fait de ne pas avoir eu de père le poussait à croire qu'il ne saurait l'être. Oui, sa mince gloire et son statut local d'artiste boucher – parce qu'il pensait que ce don était transmissible – le laissèrent envisager que le fils qu'allait mettre au monde son épouse recevrait autre chose que l'avare héritage transmis par la petite dynastie d'hommes qui l'avait précédé (paysannerie, Italie, douleur, sel, guerre, massacre, viande).

*

À la manière d'un vendeur de foire ou d'un roi biblique, l'arrière-grand-père tient l'enfant en le présentant de face, une main sous ses fesses et l'autre ouverte dans son dos en le soutenant par les aisselles. Certains disent comme un trophée, mais ce n'est pas cela, car il y a encore trop d'hébétude – et d'humilité – chez le vieil homme pour qu'il voie dans cette naissance une quelconque victoire. Une fierté, oui, calme et silencieuse, un peu conventionnelle. Et surtout un soulagement, parce que leur modeste et fragile généalogie se complète d'un nouveau maillon, encore masculin, un nouveau maillon qui devra au moins faire aussi bien que son grand-père et ne pas mourir avant de lui aussi perpétuer leur maigre, leur dérisoire lignée, ne pas mourir avant d'avoir à son tour, comme son arrière-grand-père, son grand-père et son père, (au moins) un enfant. Pas un trophée, donc, mais une joie de tenir dans ses mains ce qu'il (l'arrière-grand-père, usé, plongeant sans résistance dans le crépuscule) croit et dit être sa « continuation ». Aussi tient-il l'enfant ainsi afin que ce dernier soit parfaitement visible par tous tandis qu'il traverse le salin et montre, c'est exact, le nouveau-né à ses collègues curieux, hypocrites ou indifférents – mais heureux de cette visite qui coupe, ne serait-ce que quelques minutes, leur labeur –, et alors ces collègues caressent la joue de l'enfant ou tâtent ses mollets avec leurs mains sales et brûlées et déposent quelques particules de sel qui, au soleil, deviennent petites étoiles argentées sur la peau trop blanche du nourrisson, contribuant – avec la façon dont l'enfant est porté – à donner à cette banale présentation des airs de cérémonie, de baptême, voire d'adoubement, faisant craindre à l'arrière-grand-père que son arrière-petit-fils ne poursuive pas dans la viande, dans la carrière de la viande, mais revienne au sel et ainsi fasse régresser la ridicule ascension à laquelle l'ancêtre croit. Crainte confirmée et même augmentée lorsque, maintenant à la retraite, vivant encore quelques années avant de lui aussi s'évaporer, l'arrière-grand-père rend visite à ses désormais anciens collègues accompagné de son arrière-petit-fils et voit celui-ci, à quatre pattes puis bientôt debout, se mouvoir dans le salin, plonger en riant son petit poing dans la croûte de sel, parler aux oiseaux autochtones, regarder émerveillé le tympan s'actionner, admirer les teintes roses et violettes des bassins dans lesquels l'enfant s'imagine nager et les montagnes de sel qu'il aimerait gravir.

*

C'est d'abord le rouge, bien sûr, carmin, vermillon, cinabre ou garance en fonction de la pièce, en fonction de la fraîcheur, mais le rouge d'abord, parce que c'est du rouge que les clients veulent voir, c'est le rouge qui, ici, les met en confiance, confirme qu'ils ne se sont pas trompés de boutique et qu'il y a bien, ici, ce qu'ils sont venus chercher, même si, en fait, ils désirent et repartent avec du rose, c'est le rouge qu'ils veulent voir en premier, parce que c'est la couleur de la viande, comme le jaune est celle du soleil qui pourtant est tout aussi blanc, tout aussi orange, tout aussi rouge, mais, dans l'esprit des clients, la viande est rouge et plus elle est rouge, plus elle est belle, plus elle est bonne, alors c'est la viande rouge que l'on place en premier dans la vitrine, bien alignée, chaque pièce à équidistance l'une de l'autre dans une sorte de rigidité géométrique afin que le regard puisse distinctement identifier chaque morceau, côtes, basses côtes, collier et rumsteck, filet et faux-filet, bavette (d'aloyau, de flanchet) sont exposés dans un réel souci esthétique, souci du plaisir visuel, mais pas seulement le bœuf, tout est disposé de façon à être magnifié en jouant par exemple sur le dégradé chromatique, car, après le rouge, vient le rose du veau, du porc, puis le blanc des poulets entiers, déplumés, un blanc si extraordinaire qu'il rend presque invisible le jaune fatigué des pattes et du bec, tout comme le rouge de la crête transformée en inutile détail décoratif, le blanc de la peau des poulets morts après le rose du veau, donc, mais juste avant le panachage gris, beige, marron, rose des terrines et des rillettes dans leurs plats blancs ou marron, puis retour du rouge et du bordeaux (presque noir), du doré et du blanc de la charcuterie placée en vitrine lorsqu'il reste de la place ou accrochée anarchiquement – contrastant ainsi avec la méticulosité de la vitrine – à travers le magasin, jambons lustres et mobiles saucissons en guise d'ornementation, de riches fioritures au tableau – l'œuvre d'un père – fascinant l'enfant qui, sans qu'il sache pourquoi (peut-être y est-il avec sa mère ou l'a-t-on laissé à la surveillance distraite de son père, voire du patron de celui-ci), passe des heures dans et aux alentours de la boutique à suivre avidement des yeux, non le va-et-vient des clients ni même les différentes actions subies par chaque pièce de viande, mais la beauté de celles-ci ou plutôt leur paradoxale vivacité quand, paisibles et triomphales, elles transpirent quelques gouttes d'une inattendue eau brillante, sorte de rosée animale, ou laissent échapper en fines petites rivières qui vont disparaître dans la grille située au bas de la vitrine un sang légèrement décoloré et incroyablement fluide suggérant une souffrance post-mortem, mais surtout laissant croire à une subtile mise en scène orchestrée par l'un des bouchers (monsieur Bernard ou le père du garçon), à une animation, ou encore à l'installation préparatoire à une nature morte, comme une invitation à être (la vitrine ou la viande ou la nature morte) peinte ou du moins dessinée, invitation voire influence d'artiste à artiste à laquelle répond irrémédiablement le jeune garçon, s'installant à même le sol dans un recoin de la boutique pour, après avoir dispersé devant lui ses crayons, saisir certes chaque protagoniste, boucher ou client, mais surtout les pièces de viande, reproduisant avec minutie les contours osseux ou tendineux, les chairs fibreuses ou lisses et persillées, les parties pulpeuses semblables à des fruits, les marbrures du gras et le cuir des peaux, le tout avec passion et un peu d'erreur, c'est-à-dire gauchement, sans maîtriser suffisamment les proportions et les dégradés, représentant par exemple difficilement les gouttes perlant à la surface du rumsteck, mais les voyant tout de même, appréhendant mal la couleur des fines rivières de sang, mais ne les omettant pas, se distinguant ainsi des autres enfants dessinateurs, moins attentifs aux détails, moins attachés à l'effet de réel, moins exigeants que lui qui, d'ailleurs, possède déjà un excellent coup de crayon, comme on dit, lui permettant de capter avec spontanéité et clairvoyance (oui, encore un peu grossièrement) le mouvement de son père tranchant une escalope ou levant le bras une hache à la main avant de l'abattre bruyamment entre deux côtes de bœuf sans jamais les séparer du premier coup, butant sur l'os pourtant déjà bien entamé, puis finalement détachant les deux côtes d'un petit coup sec, presque silencieux, ou plutôt reproduisant le bruit d'une fine branche que l'on brise, ce geste – le bras levé tenant la hache comme pour héler le tramway et non dans un élan guerrier – qui, représenté par le garçon sur quelques feuilles, devient motif récurrent autour duquel varient les détails, les éléments que l'enfant souhaite mettre en valeur – un jour, coup de projecteur sur les chapelets suspendus ; un autre, sur les particularités articulaires d'un porc –, ces détails de la boucherie que le garçon ne se lasse pas de reproduire, aussi intrigué que légèrement dégoûté par tant de chair, mais ne renonçant jamais à dessiner de plus en plus précisément cette viande, comme investi d'une mission qui ne serait peut-être pas tant la représentation de la viande elle-même que celle du métier de boucher – encore que celui-ci ne l'intéresse qu'en rapport avec celle-là ; le boucher que parce qu'il est lié à la viande, la propose au regard et au dessin – puisque le garçon bascule sans peine de la nature morte – simple dessin d'une pièce de bœuf contre laquelle repose un couteau – à la découpe, au geste, voire à l'après, entendu par là le moment où le magasin ferme et qu'il faut nettoyer, moment qui, bien que dépourvu de viande (l'opération ne débutant que lorsque la marchandise est rentrée), captive le garçon presque surpris d'y trouver autant d'intérêt, et ce, peut-être parce qu'il est toujours agréablement étrange de voir ce qui se cache derrière, toujours agréablement étrange de démonter le décor pour découvrir les artifices de l'installation, ou parce qu'à défaut de viande les empreintes et les traces de celle-ci écœurent positivement le jeune garçon et lui offrent d'autres sujets, comme par exemple les petits bouts de chair qui, désolidarisés de la pièce de viande, restent collés à la vitrine, mais davantage encore les couteaux plongés quelques minutes dans l'eau de façon à ce que le sang séché se dilue et empourpre le bac, ou le billot que le père de l'enfant racle avec une spatule biseautée afin d'en décoller une fine couche de viande – une peau – déshydratée et jaunie, ou la pierre grenat à l'entrée du magasin qui, parce qu'elle est désormais poreuse et continuellement foulée par des souliers entachés, produit lorsqu'on la brosse quelques millilitres de sang, ou les plaques à rincer, ou les vitres à lessiver, le tout dessiné par l'enfant à chacune de ses longues et régulières visites à la boucherie, où, malgré l'odeur métallique du sang, ce parfum angoissant et barbare qui devient âcre lorsque le sang sèche et se mêle aux relents aigres de la transpiration des clients, il reste impassible et concentré dans le coin qu'il a choisi, car il peut parfaitement distinguer et saisir ce qui l'intéresse, avec ce sérieux adulte, cette minutie et cet entêtement qui font dire à monsieur Bernard et son épouse, ses parents et les clients, qu'il deviendra peintre.

*

Petit chiot apeuré dissimulé derrière sa mère, l'enfant entre dans la pièce plongée dans une nauséeuse pénombre où triomphe, parce qu'elle favorise l'obscurité, une rusticité exacerbée, comme si ici, dans cette salle à manger transformée en cercueil, seul le bois – des meubles, du plafond, des murs (en partie), du lustre – était à même de contenir l'espace et surtout le temps que paraissent ignorer les figures tristes ou solennelles – rares sont gracieuses – figées ou actives au chevet du mourant, parmi lesquelles, seule présence masculine, le père de l'enfant, ancien apprenti promu fils adoptif, pour ainsi dire, venu rendre un dernier hommage à monsieur Bernard et peut-être soutenir, en lui apportant une idiote et usée solidarité masculine, le presque fantôme entouré, aujourd'hui au bord de l'abîme comme tout au long de sa vie, par des femmes – il n'y avait qu'au magasin où cela était différent –; épouse, filles et petites-filles mutiques ou agitées, graves ou espiègles, gardiennes d'un sommeil qu'elles espèrent pourtant, sans inutile perspective, voir s'interrompre et ne pas se prolonger à tout jamais, mais gardiennes tout de même, et peut-être aussi guerrières combattant avec leurs modestes armes – gant humide, chuchotements, coussin et couverture – un cancer prêt à savourer sa victoire, mais guerrières tout de même, forçant ainsi l'admiration de celui qu'elles se sont habituées à considérer comme un membre de la famille (le père de l'enfant : quand même pas frère ; une sorte de cousin germain) et offrant à l'enfant l'impressionnant et mythologique spectacle de la mort d'un roi, celui de la viande, le roi des bouchers – dès lors que le père de l'enfant en est le prince rayonnant –, gisant et gris, le visage défait, transparent, veillé, voire presque anachroniquement couvé par ses amazones, modèles de femmes à différents âges de la vie : l'épouse, minérale, burinée par l'épuisement, un début d'abandon, à demi voûtée sur sa chaise, la tête projetée vers l'avant en direction du malade ; les filles, l'une au pied, l'autre à la tête du lit, l'une laiteuse et attentive, l'autre rosée et émue, toutes deux comblées – ou remplies – d'abnégation, leurs yeux ne quittant jamais le presque mort, le presque parti à la bouche légèrement ouverte afin d'expirer un souffle d'air vicié ; les petites-filles, distraites mais inquiètes et concernées sans peut-être comprendre, tirant sur les couvertures ou le bras inerte du supplicié, sauf l'une d'entre elles, appelée Aimée, qui, roide telle une statue de marbre à la robe prune, arbore un visage dont le sérieux de grande personne et la beauté glacée subjuguent l'enfant au point qu'il ne peut plus détourner son regard et rêve d'être pour toujours pétrifié. Mais non puisque sa mère le pousse pour qu'il avance et aille embrasser le mourant, ce qu'il refuse, d'abord sans y penser, sans s'en rendre compte, son corps se crispant naturellement afin de résister à la pression maternelle, puis, trop faible, cédant peu à peu, le corps appelle au secours la conscience qui choisit de secouer la tête de gauche à droite pour signifier explicitement le refus face auquel le père de l'enfant s'étouffe, devient violet, les yeux noirs et fous, comme possédés, à ce point noirs et fous et possédés que l'enfant pense céder et obéir, mais puisque sa mère ne le pousse plus, son corps d'enfant résiste à nouveau, ce corps qui ne craint pas, lui, le regard noir et fou du père, non, il ne veut pas embrasser le mourant, alors son père aux yeux fous et noirs le somme de s'approcher d'une voix tout aussi noire et possédée, et l'enfant fait un pas, puis recule et dit non au moment où il croise à nouveau le regard d'une des petites-filles, Aimée, qui le scrute toujours, sans le juger, peut-être impatiente mais compréhensive, compatissante, comprenant son calvaire sans pouvoir l'aider, insistant même, à sa manière, pour qu'il se plie à la requête des adultes, soit parce qu'il s'agit de son grand-père et qu'elle veut qu'on l'honore, soit parce que cette attente l'accable et la terrorise en rappelant que tous veillent un cadavre. Et c'est pour elle, seulement, pour la satisfaire ou la soulager – peut-être aussi pour ne pas lui laisser croire qu'il est lâche –, que l'enfant décide de s'avancer en direction de monsieur Bernard et de se pencher sur son visage inerte sentant le vieux bois pour poser ses lèvres sur la joue moite et cartonneuse gris-beige semblable à un cuir qui aurait mariné longtemps dans une mauvaise eau avant de sécher brutalement au soleil et de suinter – cette peau dégoûtante de monsieur Bernard qu'il embrasse et dont il se souviendra bien plus tard, lorsque, vieux, il regardera ses mains et reconnaîtra cette odeur de vieux bois, ces teintes de carton, cette impression de cuir en déliquescence.

*

Répétant la phrase en s'appliquant au début à bien prononcer chaque syllabe Aimée ne m'aime pas, Aimée ne m'aime pas, Aimée ne m'aime pas, puis accentuant le débit tandis qu'il accélère, écarlate et hirsute, secouant tout son corps sur la selle de sa monture, criant désormais pour recouvrir le bruit de la chaîne et des pièces métalliques tremblantes Aiménemaimepas, Aiménemaimepas, Aiménemaimepas, puis saccageant la phrase et les mots, la bave aux lèvres, avec cette sensation de profanation, Aiménepas, Aiménepas, Aiménepas, pédalant plus vite encore, à bout de souffle et d'idées, comme s'il était poursuivi, traqué, mais non, ni poursuivi ni traqué, ignorant d'ailleurs le monde qui l'entoure et les êtres qu'il croise – saliniers sur le bord de la route rentrant chez eux, cohorte de femmes les bras chargés de violettes –, fuyant pourtant autant quelque chose que quelqu'un, autant l'espèce de cataclysme provoqué par les mots de la jeune fille (« je ne t'aime pas ») que la jeune fille (Aimée) et hurlant toujours Aiménepas, Aiménepas, Aiménepas dans l'espoir d'atténuer sa souffrance en l'expulsant ou peut-être seulement pour accepter la situation, dépassant maintenant le salin et l'hippodrome, poursuivant le long des champs de violettes en direction de la ville, souhaitant traverser et quitter celle-ci sans cesser d'émettre ce qui ressemble de plus en plus à un grognement de souffrance ou de démence, c'est cela, un grognement de démence, le jeune garçon désire rouler sans s'arrêter jusqu'où il n'est jamais allé, jusqu'où on ne le connaît pas, pour se fondre dans des paysages étrangers, pour disparaître, en somme, et ne pas avoir à supporter le regard d'Aimée et de ceux qui pourront apprendre son désarroi, être seul et loin avec son déchirement pour ne pas devoir donner le change, faire semblant, faire croire, mais pouvoir être triste et pleurer et hurler encore sur sa bicyclette, toujours seul, et peut-être ne jamais mettre pied à terre, fusionner avec son vélo et devenir centaure moderne traversant le pays, ne pas ressentir la fatigue, la faim, la soif, continuer à pédaler et gravir les montagnes, gravir les Alpes pour rejoindre l'Italie, atteindre Rome, qui sait, mais surtout ne plus penser à Aimée, arrêter de grogner, ne plus penser à Aimée alors que maintenant encore, plutôt que de regarder la route, de profiter du paysage (dans lequel il disait vouloir se fondre pour disparaître), il se souvient de cet instant sublime et doux à tout jamais bafoué, sali, cet instant doux et sublime qui lui semble si loin, point lumineux à peine visible dans le temps – pourtant, pourtant c'était hier, seulement hier – où Aimée, la petite-fille de feu monsieur Bernard, Aimée qu'il a toujours connue, car habitant au-dessus de la boucherie grand-paternelle, avec qui il a grandi pour ainsi dire, Aimée lui a dit qu'elle l'aimait, lui, et alors qu'il n'avait jamais envisagé cela ni même pensé à cela ni même voulu cela (car la question amoureuse ne lui avait jamais traversé l'esprit ; parce que la question amoureuse était une question d'adulte), le garçon fut comme irradié, recouvert d'une délicate et suave vague de chaleur, son ventre explosant, s'ouvrant pour libérer une joie dont il ignorait l'existence – celle qui du ventre remonte au cœur –, découvrant l'amour ou du moins la sensation amoureuse, aimant subitement Aimée puisqu'elle lui disait qu'elle l'aimait, se recroquevillant dans une journée de bonheur contenu durant laquelle plus aucun mot ne fut prononcé à ce sujet, comme si, une fois dit, c'est dit, puis embrassant une nuit délicieuse à penser à l'amour d'Aimée, à lui avec elle, chaque jour, maintenant et après, lorsqu'ils seront plus grands, et au réveil se souvenant, comme une seconde déclaration, un écho, qu'Aimée l'aime, ne désirant rien d'autre que la voir et poursuivre ou plutôt réellement entamer sa nouvelle vie (d'amoureux d'Aimée), mais, à peine le mot amour par sa bouche reprononcé, à peine leur engagement de la veille remémoré, recevant de la part de la jeune fille un torrent de glace lorsqu'il entend la phrase cataclysmique qu'Aimée doit répéter, car le garçon n'a pas entendu la première fois ou a fait mine de ne pas entendre afin de repousser de façon désespérée et pathétique la seconde après laquelle tout s'écroulera, et la seconde passée (c'est-à-dire une fois cette phrase « je ne t'aime pas » répétée par Aimée), constatant qu'en effet tout s'écroule ou se transforme – bonheur devient tristesse, sensation amoureuse devient déception amoureuse – pour ouvrir devant lui un gouffre, et avant même de chercher à comprendre ce qui s'est passé : pourquoi Aimée l'avait-elle aimé la veille et ne l'aimait plus ce matin, peut-être s'était-elle moquée de lui ou c'était pour plaisanter ou avait-elle eu peur de l'amour, du sentiment amoureux, des rêves qui, pour lui, étaient enchantement, peut-être lui avait-on interdit de l'aimer, avant même de penser à tout cela, ne pensant même pas y penser, il décida seulement de prendre sa bicyclette et de partir, de fuir l'instant, fuir Aimée, alors maintenant il ne s'arrête pas de rouler et essaye de s'imaginer coureur cycliste ou facteur pressé, s'imaginer quelqu'un d'autre, en somme, pour s'oublier et oublier les mots d'Aimée sans pourtant pouvoir, malgré ses naïfs efforts ou ses illusoires efforts, évacuer cette sensation d'arrachement, de piétinement, donc ne jamais s'arrêter de rouler pour oublier cette sensation d'écroulement – ou d'arrachement ou de piétinement –, mais il constate que ça ne fonctionne pas et il plonge dans l'interrogation, le pourquoi, tandis qu'il est toujours courbé sur son vélo lancé à travers la campagne et les champs de violettes en direction de la forêt, peut-être, à moins qu'il ne retrouve la mer omniprésente, la mer geôlière encerclant le garçon et son univers, cognant la côte ou se faufilant dans les bassins des marais salants, qui sait, en tout cas pédalant toujours jusqu'en des lieux qu'il ne connaît pas, effectivement, et alors il se dit qu'il est perdu et qu'il est épuisé et qu'il faudrait rentrer, tout de même.

*

Les deux adolescents se croisent régulièrement aux alentours du magasin et, comme s'ils ne se connaissaient pas, ne s'étaient jamais rencontrés ou parlé – jamais dit « je t'aime » et « je ne t'aime pas » –, se lancent mutuellement et furtivement un regard hésitant, mais, depuis maintenant un an, tournent aussi vite la tête à la manière de ces personnes qui, tandis qu'elles épient leurs semblables, sont prises en flagrant délit, et font (les adolescents) mine de ne pas se connaître, de ne s'être jamais rencontrés ou parlé, donc, elle (Aimée), vaquant à ses futiles occupations comme si la vie était un jeu – successions de gestes et d'attitudes de petite fille n'ayant rien de naturel, rien de spontané, soulignant ainsi à quel point ce détachement que l'on désire exhiber n'est qu'une feinte dissimulant mal la préoccupation de bien paraître –, s'enfonce dans une forme de maniérisme, de morgue mauvaise ; lui, trop faible ou trop lâche ou peut-être seulement plus sensible, s'isolant l'instant d'après (ce regard furtif et faux), se cachant presque, poursuit un portrait d'Aimée débuté peu de temps après l'épisode dit du volte-face, ajoute lors de chaque muet tête-à-tête quelques éléments à son dessin plutôt que de le recommencer, et ce, sans avoir besoin qu'Aimée ne pose parce qu'elle est presque immobile à force de se répéter ou parce que ses positions, certes sensiblement différentes, apportent lorsqu'on les additionne sur la feuille un volume et une vivacité au portrait forcément fixe, un peu mort, que le garçon n'a de cesse d'améliorer, parfois sans regarder Aimée tant il peut la saisir de mémoire ou d'après l'image qu'il conçoit d'elle, mais surtout parce qu'il envisage ce travail (mais probablement est-il trop tôt pour parler de travail) comme un kaléidoscope, un ensemble de collages en s'appuyant sur la méthode qui était la sienne à l'époque où, enfant, il reproduisait avec avidité les morceaux de viande alignés dans la vitrine de la boucherie, mêlant d'ailleurs aujourd'hui aux traits d'Aimée, à sa fougue, son arrogance et ses manières artificielles, presque sournoises, les particularités ou du moins les éléments fascinants (pour lui) de la viande rouge et nervurée, perlée d'humidité morbide, pesante et expressive, composant ainsi quelqu'un ou plutôt quelque chose d'à la fois fougueux et artificiel, à la fois pesant et expressif, une Aimée-viande un peu dépravée et pathologique, hybride mais vivante, rouge forcément, le rouge du sang et de la chair, du feu et des enfers, soit une interprétation d'Aimée agrémentée à chaque rencontre, c'est cela, proposant au bout d'un certain temps une version boursouflée bien que réaliste de l'adolescente, avec certainement le désir inconscient d'épuiser l'Aimée réelle, de complètement et définitivement la consommer afin de pouvoir ensuite s'en détacher, s'en débarrasser, l'oublier, et peut-être est-ce déjà en partie le cas, puisque le garçon semble désormais s'éloigner de plus en plus de son sujet, n'y apporter que d'infimes retouches occasionnelles alors qu'il s'applique davantage à composer l'arrière-plan de son dessin – une fresque à son échelle adolescente, c'est-à-dire quelque chose englobant presque tout son univers – en y apposant des motifs empruntés au salin tout proche, des carrés roses ou noirs, des triangles blancs et argentés, des collines de terre ou de sel.

*

Petits hommes trapus, musculeux, toniques et souples, à demi fléchis et courbés sur leur monture, comme prêts à bondir, à sauter devant (par-dessus) l'animal avec leurs casaques scintillantes plus au moins fantasques – des simples rayures au chapelet d'étoiles, du damier à la croix de Lorraine – et casques – pour la plupart assortis à la tenue, soit par le motif, soit par la couleur, soit les deux –, l'habit de jockey toujours décevant lorsque, de près, quand la vitesse ne le transforme pas en trait de couleur, lorsque l'éclat et le brillant s'éteignent subitement, on remarque sa grossièreté carnavalesque, ce quelque chose de finalement ridicule, d'un peu enfantin, surtout comparé à la majestueuse et mythologique prestance du cheval dont l'odeur, fauve et boisée, associée à celle du cuir et de l'herbe piétinée, enivre l'adolescent, las des eaux de Cologne, une odeur (celle du cheval) bientôt complétée, voire comblée lorsque l'adolescent se rendra aux box où se heurtent les fragrances de paille humide et d'avoine, de crottin et de pierre vieillie, ainsi que le parfum légèrement poussiéreux des granules d'orge mélasse, ce bouquet qui l'enchante à chaque fois qu'il accompagne son père à l'hippodrome en suivant toujours le même cérémonial : d'abord parier et assister aux courses en frayant avec les quelques chapeaux fleuris portés par des dames d'une ancienne noblesse azuréenne, résidus décatis d'une époque incomprise, ou de fraîches bourgeoises heureuses de faire perdurer leur tranquillité, dames nobles ou bourgeoises, donc, escortées par leurs époux distants et ennuyés ou leurs jeunes amants, tout ce beau monde regardant de travers les gens du peuple, c'est-à-dire eux, l'adolescent et son père, qui, cela se voit à leurs vêtements raides, pastel, comme plus propres, plus neufs, casquettes vissées sur leurs têtes, cravates bien serrées autour du cou, essayent d'être élégants, non pas de faire illusion, de passer pour, mais tentant de se fondre dans la masse des mieux lotis (c'est l'expression du père), et là encore, certainement pas parce qu'ils veulent leur ressembler, être comme eux, mais parce que mieux s'habiller est pour le père une sorte de politesse l'autorisant, selon lui, à respirer sous les fumées de cigare, les chapeaux fleuris et les effluves de mépris qu'il accepte ou plutôt fait mine de ne pas remarquer – tandis que le fils ressent de la honte devant l'attitude désinvolte et faussement inconsciente de son père, de la honte et de la colère aussi, car il exagère ce qu'il nomme injustement leur condition de pouilleux –, et une fois leur cheval arrivé bon dernier (c'est une règle), le père et le fils se dirigent vers les box où ils retrouvent Jean, un entraîneur ami du père – mais peut-être n'est-il que la personne en charge de l'entretien des box, du confort des chevaux, se désignant entraîneur seulement pour le prestige, le fantasme d'un rang social –, et ils restent avec lui un bon moment en attendant que l'hippodrome se vide, que les gens partent, que disparaissent les chapeaux et les cigares, et l'adolescent assiste silencieux à leur discussion poursuivie en longeant les bords du trapèze que forme le site, puis, régulièrement, ils s'arrêtent devant un box lorsque s'y trouve un cheval au repos, tâtant l'animal, le caressant avec déférence, sauf l'adolescent, impressionné par ces bêtes bornées, gigantesques, tout en muscles, fixant le vide de leurs gros yeux noirs, alors que son père, le boucher, lui, retombe en enfance dès qu'il s'approche d'un cheval, alors que lui, le boucher, est comme qui dirait amoureux des chevaux, dont il s'approche lentement et sans bruit, avec cette fascination naïve, cette hésitation respectueuse, à la manière des hommes paléolithiques surpris et subjugués de découvrir, de rencontrer un tel animal, une telle perfection mécanique, quelque chose de musculairement divin, le vénérant peut-être, cet animal, le peignant en tout cas dans leur grotte, et pas seulement sa silhouette, mais son mouvement, sa force, sa multitude, débutant ainsi l'inégalable mythologie équestre, le père boucher, donc, comme eux (les hommes du paléolithique), toujours subjugué et surpris, qui caresse l'encolure de l'animal, palpe son poitrail et son garrot avec humilité, presque soumission, en s'inclinant légèrement pour remercier le cheval de se laisser approcher et toucher, comme s'il s'agissait là d'un dieu, comme s'il en avait peur, lui qui pourtant, se dit le fils, chaque jour dépèce et découpe des bêtes, certes déjà mortes, certes jamais des chevaux, mais tout aussi impressionnantes pour certaines, divisant leurs muscles et leur chair sans état d'âme, fièrement, sans avoir pourtant d'attrait particulier pour le sang, pour la viande, mais tout simplement parce qu'il aime son métier et excelle dans la pratique de celui-ci, respectant là aussi l'animal ou plutôt la viande pour ce qu'elle offre à l'art de la boucherie : sa matière première (noblesse de son rouge et qualité de sa chair), tranchant et découpant avec zèle et souplesse, sans rien y voir de morbide, au contraire, sans rien y voir de sanguinaire ou d'outrancier, au contraire, envisageant même que son geste soit un hommage à la viande et donc à l'animal, et ne voyant donc aucun paradoxe, aucune opposition entre son métier et ce que son fils appelle sa passion pour les chevaux, une passion que l'adolescent entretient malgré sa crainte des équidés, parce que, en accompagnant son père et en faisant croire qu'il apprécie les chevaux, il est la caution permettant au père de se rendre à l'hippodrome, aussi, oui, accepte-t-il d'y aller à chaque fois, pour faire plaisir, oui, mais parce que cela ne l'empêche pas de faire ce qui l'intéresse, de faire même la seule chose qui l'intéresse, la seule chose qui comble sa solitude : peindre, dessiner, aussi, lorsqu'il ne reste pas avec son père à admirer les chevaux, déambule-t-il dans la pinède de l'hippodrome – qui s'étend sur des kilomètres, déborde l'enceinte de l'hippodrome, déborde la route et touche le salin, encercle les bâtiments pour devenir immense parc, immense jardin – afin de s'imprégner des parfums et des couleurs de cette végétation réconfortante et, après avoir sorti le petit carnet qui, désormais, ne le quitte plus, esquisser en quelques traits, comme s'il se testait, comme s'il n'avait pas le temps, les tentaculaires branches des pins, l'épaisseur de l'écorce, la finesse des épines, l'inquiétante animalité d'une racine.

*

Interpellé, presque invectivé, dès le matin, lorsque avec les autres élèves il se rendait aux douches, et parfois même au réveil, avant d'avoir pu quitter le dortoir, puis ensuite toute la journée, sans que l'on désire lui parler, juste pour faire sonner, éclater les mots qui visaient à le rabaisser ou du moins le blesser ou l'énerver – « Paysan ! », « Piémontais ! » (ce qu'il était) –, le jeune homme crut d'abord que quelques camarades exprimaient leur jalousie de cette façon – une question d'hégémonie à l'école d'art –, mais non, il ne s'agissait pas d'une histoire de jalousie, et il s'en rendit compte rapidement lorsqu'à leurs voix s'associa celle de celui que l'on appelait le Baron – parce que son père l'était – pour qui « Paysan ! » ou « Piémontais ! » étaient des mots abjects qu'il prononçait sans violence ni amusement ni moquerie, à la différence des autres élèves, mais sèchement, en laissant traîner un sifflement de dégoût et de haine, et ainsi le jeune homme ne douta plus que seules ses origines sociales justifiaient son traitement au sein des élèves de l'école d'art, presque tous incapables de croire à la possibilité qu'un paysan puisse être apprenti artiste, parce qu'ils pensaient que le goût de l'art et l'aptitude à la pratique artistique étaient un noble héritage auquel ils pouvaient prétendre, eux, et seulement eux, qui pour la plupart étaient issus de la vieille aristocratie provençale ou de la bourgeoisie provençale – ne restaient plus que les fils de commerçants aisés et les fils de grands propriétaires terriens, plus vulgaires mais non moins riches que les bourgeois de souche, si l'on peut dire, et surtout tellement terriens, tellement paysans eux aussi que leurs insultes demeuraient incompréhensibles pour le jeune homme. Puis, certainement parce que la victime de leurs moqueries ne se rebellait pas, restait calme, voire indifférente, comme sourde, les camarades du jeune homme se lassèrent et bientôt dépossédèrent d'eux-mêmes – ou ce fut l'usure de la répétition ? – les termes employés de toute méchanceté, de tout mépris, appelant le jeune homme le Piémontais par habitude, puis oubliant pourquoi ils étaient venus à le nommer ainsi, mais poursuivant tout de même, par facilité, en acceptant peu à peu qu'un arrière-petit-fils de paysan italien devienne peut-être peintre. Alors ce désagrément – les moqueries et le mépris : un simple désagrément (c'est ce que disait le jeune homme) – fut remplacé par autre chose, comme si le surnommé Piémontais ne devait jamais être tranquille durant ses années d'apprentissage, comme s'il devait toujours se confronter à des épreuves, de modernes travaux d'Hercule pour prouver sa légitimité en ces murs, ce désagrément fut donc remplacé par un autre désagrément, plus complexe et subtil, plus insaisissable et troublant : celui que l'on appelait le Baron, convaincu d'on ne savait quelle révélation mystique – ou désormais incapable de sortir du personnage, du rôle qu'il s'était peu à peu attribué : un excentrique, un fou –, parcourait les couloirs de l'école d'art en rendant grâce à « Jésus-Christ notre Sauveur », disait-il, interpellant ses camarades afin de leur narrer quelques épisodes du Nouveau Testament, ne peignant plus que des représentations du Christ, mais surtout, dès qu'il croisait le jeune homme, pointait en sa direction, comme une menace ou plutôt un sort qu'il s'apprêtait à lui lancer, une vignette de Jésus en déclarant toujours cette même phrase : « Je serai peintre à Lourdes au service de notre Sauveur », ce qui terrorisait le jeune homme, pas tant cette phrase qu'il ne comprenait que vaguement ni même le comportement du Baron, dont il doutait finalement de la folie – et donc de la sincérité –, mais cette vignette un peu cornée et effacée de Jésus placée au-dessus de sa tête par son camarade parce qu'elle attisait une angoisse présente depuis le catéchisme, à savoir qu'elle le renvoyait à une époque où on le somma de croire en l'existence de Dieu, on lui expliqua la nécessité d'avoir la foi, car, tout disparaissant sur terre, tout redevenant poussière, seuls la foi et l'amour de Dieu garantissaient la vie éternelle, et, afin de le convaincre définitivement, on lui donna divers exemples de femmes et d'hommes ignorants et perdus sauvés une fois que Dieu s'était manifesté à eux ou avait envoyé à leur rencontre son Fils ou la Vierge Marie, bref, en activant l'habile mécanisme de la peur pour faire germer la foi, on immisça chez lui enfant une autre peur et il se mit continuellement à réfléchir à la surnaturelle éventualité d'une apparition, du Christ ou de la Vierge, et même à échafauder des scenarii d'apparition, occasionnant irrémédiablement des sueurs froides depuis plusieurs années et durant plusieurs années encore au cours desquelles l'idée d'assister à une telle scène fut sa plus grande frayeur, peut-être parce qu'il était tiraillé entre le désir de trouver un guide et la crainte d'être sauvé.

*

À peine a-t-il joui qu'il se glisse hors du lit, moins par honte – de sa nudité, du liquide blanchâtre et chaud collant à sa peau – que parce qu'il ignore ce qu'il doit ou peut faire, ce qu'on attend de lui et ce qu'il est autorisé à faire, coulant le long du drap jusqu'au sol à la manière d'un serpent ou d'un poisson, et se disant à lui-même, tandis qu'il coule ainsi, que son allure fuyante et reptilienne recèle quelque chose de dégoûtant, mais ne se relevant pourtant pas tout de suite, maintenant rampant presque sur la moquette pour se soustraire au regard d'Aimée qui peut-être ne le regarde pas, ne se soucie pas de lui et s'est endormie, fatiguée ou déçue, ne voyant donc pas qu'il ne se redresse qu'après avoir atteint le paravent – il secoue un peu la tête, consterné par le ridicule de ses manières – derrière lequel il se dissimule en profitant également de la pénombre qui a gagné cette partie de la chambre et derrière lequel il se rhabille, gauche, emprunté, contrarié de constater que, malgré ses vœux, la pénombre se contente de troubler ses traits sans le recouvrir entièrement, sans le vêtir de noirceur pour cacher les défauts de son corps et son sexe avachi, accroché au buisson de poils comme un fruit disgracieux. Et alors, écrasé par son propre silence qu'il ne réussit pas à briser, le souhaitant pourtant afin de ne pas passer pour un goujat, pour ne plus avoir l'impression d'être un client de prostituée, il se demande ce qu'il doit faire et reste immobile, un seul bras dans sa chemise pendant le long de sa jambe, imaginant un instant qu'il ne l'enfilera jamais complètement, car il est pour toujours paralysé dans cette position, derrière le paravent, tandis que de l'autre côté, assise sur le lit, profitant que la lumière la cueille et la réchauffe et illumine son ventre et les draps et le mur à la tapisserie bordeaux, Aimée semble inspecter sa cuisse repliée, à moins qu'elle ne redécouvre son corps lui apparaissant désormais dans sa splendeur post-coïtale, c'est-à-dire généreusement sensuel et triomphal – et le soleil exacerbe ses teintes beiges, bleues et roses –, l'inspection de sa cuisse n'étant en fait que la première étape de cette redécouverte qui se poursuivra par ses hanches, sa poitrine et ses bras, qu'elle regardera avec autant de surprise que de joie, ne pensant plus au jeune homme dans la pénombre, profitant du silence et de la lumière, du beau chaos des draps froissés, et se disant, tout en inspectant simplement sa cuisse ou en redécouvrant son corps, donc, qu'elle est belle, finalement, et pas en aussi mauvaise santé qu'elle ne le croyait, alors elle imagine son sang, rouge, tellement rouge qu'il en est aveuglant, couler dans ses veines, sous sa peau, la vie couler dans ses veines, sous sa peau, ce qui lui procure une grande joie qu'elle aimerait faire durer des heures, elle aimerait que le temps se fige et ne quitte plus la pièce, et qu'elle ne quitte plus le lit sur lequel elle est toujours assise, traversée par le soleil et enivrée de silence – le jeune homme tarde à s'habiller et ne fait aucun bruit –, mais elle est interrompue par les deux nouveaux chatons de la maisonnée qui, ayant grimpé sur les couvertures rejetées, avancent vers elle, espiègles et hésitants, sournois, avec dans leurs yeux quelque chose de menaçant, de tragique.

*

Bien droit mais les épaules légèrement rentrées, comme prises dans un étau invisible, il se tient debout devant son tableau, qu'il cache à moitié, apparemment gêné, peut-être même contrarié – oui, plus contrarié que gêné – d'être autant fixé, bien que les regards pèsent différemment sur lui en fonction de leur origine (parents : fiers et émus ; condisciples : ennuyés et jaloux ; professeurs : habitués et pressés). Sa bouche se tord, son regard se perd dans le vide et il n'entend pas ce que dit le directeur, ne percevant qu'un flot presque mélodique qu'il n'essaye pas de comprendre, certainement parce qu'il subodore le contenu du discours – alternance de félicitations, de conseils paternalistes et de mises en garde –, conforme à l'usage en de telles circonstances, mais surtout parce qu'il est surpris et déçu de constater que l'obtention aujourd'hui du premier prix de l'école d'art ne lui procure qu'une vague satisfaction : il ne comprend pas cette absence d'euphorie, d'enthousiasme, de joie. Depuis longtemps il s'était laissé gagner par la certitude qu'une telle consécration serait sa revanche, une forme de vengeance sur le Baron et son hostilité pour ainsi dire religieuse, se venger, oui, c'est ce qu'il croyait, le premier prix de l'école d'art lui permettrait, pensait-il, de se venger du Baron et des autres, ceux qui, par mépris, l'appelaient et l'appellent toujours le Piémontais, et bien sûr, se disait-il, le premier prix de l'école d'art clouerait le bec à ceux-là. Mais il n'en est plus aussi sûr, ou cela ne compte plus. Il ne ressent plus cette colère qui guidait, jusqu'aujourd'hui, sa démarche artistique entrevue comme une façon ou la possibilité, oui, c'est cela, la possibilité de prendre sa revanche ou plutôt de permettre à sa famille de prendre sa revanche – bien qu'il soit le seul à ressentir ce besoin – sur ceux qui ont accroché dans le dos de son arrière-grand-père, de son grand-père et de son père la dégradante étiquette de rital jusqu'à ce que ces derniers soient profondément et irrémédiablement habités, comme recouverts, par cette modestie triste (forcée, imposée) dont le jeune homme refuse l'héritage. Il s'était persuadé qu'en recevant le premier prix de l'école d'art, comme lorsque son père, après avoir gagné son concours de découpe, était devenu un maître boucher respecté, il obtiendrait un statut et effacerait des années d'humiliation durant lesquelles, parce qu'il était piémontais, on lui avait refusé sa place. Il gommerait, pensait-il, cette brûlure d'avoir accepté lâchement ou sagement, c'est-à-dire silencieusement, sans jamais manifester sa colère, souriant même la plupart du temps, d'être rabaissé par haine ou par jeu. Il imaginait donc cela : qu'avec ce prix il tiendrait sa revanche sur ses camarades nantis et bien nés, sur ceux qui affirmaient que le Piémont ne donnerait jamais de peintre – revanche, c'est-à-dire une victoire (après une défaite), et pourtant il ne ressent qu'une vague satisfaction : il s'est trompé ou alors cela ne l'intéresse plus. Il est surpris et déçu par ce qu'il ressent (ou ne ressent pas) en obtenant le premier prix de l'école d'art, et ce, peut-être parce que sa colère et ses rancœurs ont été avalées par de plus charnelles préoccupations, car, il s'en rend maintenant compte, depuis qu'il a connu le corps d'Aimée, son esprit est totalement occupé (accaparé, possédé) par l'appel de ce corps, par le désir de retrouver ce corps. Et aujourd'hui, alors qu'on lui tend ledit prix, il sait qu'il échangerait bien cette consécration – cette illusoire revanche, cette petite gloire dérisoire et finalement inutile – contre une nouvelle étreinte avec celle qu'il a quittée sans dire un mot, celle qu'il a abandonnée dans la pénombre, encore nue et sublime ; il se dit qu'il échangerait bien cette fragile promesse d'un avenir artistique contre un amour qui dure, contre l'amour d'Aimée.

*

Ce n'est plus une forêt, une jungle, mais un mur tapissé par on ne sait quels arbres – tant ils se mêlent, fusionnent, se cannibalisent – dans lequel le jeune homme s'enfonce alors que le soleil pâle, timide, blanc, n'est pas encore à son zénith et ne peut que partiellement percer la végétation, perçue comme un seul corps aux multiples membres, multiples ramifications sur lesquelles des fleurs insensées forment, boursouflant la toile vert et gris, des stigmates jaunes, bleus, ocres, rouges et roses, des couleurs – des bleus, des ocre, des rouges et des roses – que le jeune homme n'a pour ainsi dire jamais vues, car il n'en a jamais vu d'aussi vivaces, d'aussi provocantes, ou alors sur les oiseaux un peu drôles, presque fous et pour l'heure silencieux qui suivent, depuis leurs branches, la procession des hommes avec une certaine curiosité, voire un possible mécontentement, tant la présence de bipèdes à ce point encerclés par les épiphytes, dont quelques orchidées – qu'ils (les hommes) regardent encore avec émerveillement –, ne semble pas convenir à ce biome si particulier, les hommes eux-mêmes n'en doutant pas, appréhendant d'ailleurs ce moment de calme sans échos de la guerre avec une légère délectation, émettant même l'idée d'immortaliser l'instant – mais peut-être est-ce pour rire, peut-être est-ce un prétexte pour se moquer gentiment du jeune homme – en interpellant celui qu'ils nomment depuis quelques semaines le peintre, car il ne se défait jamais de son carnet, qu'il remplit compulsivement dès lors qu'il ne marche plus ou ne tire pas ou n'est pas l'objet de tirs, l'un d'entre eux, le lieutenant, disant quelque chose comme oh, le peintre, avec ton petit carnet, là, tu n'as pas envie de t'arrêter pour dessiner ces belles fleurs ou ces beaux oiseaux, faisant référence à cet incroyable imbroglio végétal qui tout d'un coup, le soleil – bien que pâle, timide, blanc – ayant achevé son ascension pour atteindre son zénith, s'illumine et, sans jamais donner l'impression de se délacer, de se détendre (se démêler, se défaire), laisse percevoir les inattendus reflets argentés sur les troncs et les racines chevelues des grands arbres gris, puis comme une explosion de verts pour certains phosphorescents – feuilles, branches, plantes, lézards – desquels jaillissent harmonieusement par petites touches d'autres fleurs bigarrées et complexes ressemblant à des fruits, ainsi que des fruits, justement, dont quelques spécimens ont conservé la forme de l'originelle fleur, mais se présentant par grappes, régimes ou escadrons d'éléments lourds, pleins, gorgés de nectars inconnus qu'une compagnie de singes braillards et survoltés cueille par accident, au passage, en volant de branche en branche dans un ballet parodique auquel les soldats assistent médusés, n'avançant plus qu'au ralenti, sans parler, sauf le lieutenant, encore lui, tentant de couvrir les cris aigus et aériens des singes en proposant une nouvelle fois au jeune homme de sortir son carnet, en disant à peu près oh, le peintre, et eux, tu veux pas les croquer, ha, ha, ha… son rire idiot se transformant en toux tandis que le jeune homme, qui depuis deux jours a cessé de sortir ledit carnet, a cessé de reproduire le monde qui l'entoure, saturé de couleurs et de formes, non pas afin d'éviter les stupides allusions du lieutenant, ses infantiles moqueries, mais parce qu'il est épuisé et qu'il a peur et qu'il est vraisemblablement malade, constate qu'il s'est remis à pleuvoir – mais peut-être la pluie ne s'était-elle jamais arrêtée – alors que le soleil désormais rouge et humide, n'en pouvant plus, décline, retombe pour bientôt frôler les arbres auxquels il s'accroche à peine dans l'espoir d'éclairer quelques minutes ce moment unique et terrifiant qu'est le réveil nocturne de la forêt lorsque le vert devient entièrement gris et bleu, le marron devient noir, lorsque les couleurs s'estompent et cèdent leur place au bruit, à un vacarme à nul autre pareil : piaillements endémiques, gémissements et cris de détresse et de rage qui précédent l'obscurité s'abattant maintenant sur ce champ de combat invisible où les soldats, tapis, craignent peut-être moins leurs assaillants que les êtres chimériques cachés derrière les points brillants trouant le noir, ces points brillants braqués sur eux toute la nuit comme pour les surveiller, attendre qu'ils s'endorment et les dévorer, sangliers, panthères ou boas ; singes, volatiles ou insectes se cachant, fourbes et patients, profitant du tumulte de la forêt, ce grondement couvrant jusqu'au bruit de la pluie pourtant tranchante, pour bondir sur le groupe de soldats apeurés, persuadés que si ce ne sont les bêtes dissimulées derrière, au-dessus, en dessous ou devant eux, ce seront les guerriers ennemis qui auront leur peau – peut-être sont-ils eux aussi cachés dans le noir, peut-être les points brillants trouant la nuit sont-ils leurs yeux – et, dans le doute, ils refusent de dormir ou du moins pensent ne pas dormir, mais sursautent dès qu'ils entendent au loin les animaux s'accoupler ou s'entre-dévorer dans un même craquement glaçant, un même son de mort lente, jusqu'au petit matin où, immobiles, ils découvrent honteux que leurs ennemis soi-disant fourbes, soi-disant hostiles, étaient ou ont pu être un coq sauvage, un coucou vert, un faisan blanc ou un paon, de la volaille en fin de compte, comme eux terrifiée par l'infernal tremblement de la nuit équatoriale, mais aujourd'hui, alors que la cohorte de soldats reprend péniblement sa route à travers cette gigantesque toile végétale, le jeune homme découvre à seulement quelques mètres de leur camp de fortune le résultat d'une nuit de chaos : les restes encore suintants et tièdes de ce qui pourrait ressembler à un jeune cerf, mais tellement abîmé, voire détruit, que seuls d'infimes détails anatomiques surnageant au-dessus de la mare de sang et de boyaux permettent l'hésitant rapprochement entre le cerf et ce spectacle de bête éventrée, le poitrail ouvert en deux, comme écartelé, explosé, dévoilant les nauséeux organes et abats de l'animal entre lesquels des bulles de sang, coagulées, figées, comme vernies, donnent l'impression d'un arrêt du temps, d'une installation, alors que bientôt des millions d'insectes viendront finir le travail, alors que des millions d'insectes sont déjà à l'œuvre, invisibles, silencieux et obstinés, s'escrimant à faire disparaître non pas le cerf mort ni même l'animal mort, mais cette chose qui, pour l'instant, est là et se manifeste dans une telle désolation que le jeune homme, ébranlé au point d'envisager la préexistence d'un mal, d'une violence, voire d'une haine inconsciente entre les animaux, en oublie jusqu'à la guerre, jusqu'à la peur, en se laissant peu à peu recouvrir par cette vertigineuse angoisse, cette brûlante conscience d'une nature spectaculaire, infinie, écrasante, sculptée par un dieu euphorique et malin ayant, contre le vide, abandonné son œuvre au chaos du trop plein.

*

Et puis ce fut ce qu'il était peut-être venu chercher : la mort tout autour prenant la place que Dieu avait laissée, avec le jeune homme perdu et transparent dans une armée disparate et bigarrée, composée ou maintenant décomposée d'hommes ne sachant presque rien des raisons de leur présence dans cette jungle ; deux groupes d'hommes en fait : ceux qui n'ont pas eu le choix et ceux qui l'ont eu et qui ont voulu tenter l'aventure par goût de l'exotisme ou de la cruauté, peut-être parfois à cause d'une sensibilité romantique dévoyée ou par exaltation de l'empire colonial, le jeune homme, donc, et devant lui la route qui serpente entre les montagnes, les pics et les mamelons, mais très vite ou non, pas si vite tant tout désormais se fait avec une extrême lenteur, avec beaucoup de difficulté, il faut sortir de cette route et avancer au coupe-coupe en recréant anarchiquement une piste, le jeune homme s'enfonçant avec sa colonne dans l'aveuglante densité végétale afin de secourir une autre colonne lancée à travers la jungle afin de les secourir, eux, c'est-à-dire progresser à tâtons, sans plus jamais dessiner ou peindre, parfois en rampant comme un reptile tout en sachant que le temps est compté, avec la frustrante certitude de ne pas aller assez vite, en effet, mais avancer, encore, et subitement, comme si les montagnes venaient de bondir, de sortir de terre pour se dresser modestement devant le jeune homme qui découvre le col, la côte qu'il lui faut maintenant grimper, mais à peine débouche-t-il dans la vallée que s'abat sur lui et ses camarades le feu des armes automatiques striant le ciel depuis les sommets des monts boisées alentour et où l'ennemi attendait patiemment que des cibles se présentent, et les voilà, les cibles, c'est la colonne du jeune homme épuisé au point de ne plus craindre la pluie de tirs et qui tente de poursuivre sa progression et constate bientôt, comme ses camarades, l'inextricable et dramatique situation dans laquelle il se trouve face à trente mille adversaires qui se cachent, s'enterrent, se rendent invisibles, fantômes derrière les fougères, tandis que l'artillerie lourde recouvre la zone d'un grondement tel que l'on n'entend plus aucune bête, alors, dans la panique et le chaos, le jeune homme entreprend une danse de dément infantilisé par la peur et l'assourdissement, et durant des heures et des heures, il croise des corps, puis se perd, il suit ou précède une silhouette, rejoint une ombre ou s'en détache au hasard des rafales de tirs et des attaques, du jour et de la nuit, du soleil blanc ou de la lune rouge, pour finalement se résoudre à emprunter un sentier noyé dans l'obscurité où ne passerait pas une chèvre, mais le jeune homme, n'espérant pas d'autre issue, s'y engouffrant tout de même, et il marche sans rien voir dans la nuit, harcelé sans cesse par les fantômes (ceux cachés dans les fougères), des hordes hurlantes invisibles mitraillant le silence, surgissant à gauche ou à droite ou devant ou derrière tel un essaim fonçant dans le vide à coups de couteaux, et le jeune homme marche quand même encore tandis qu'autour de lui les soldats tombent, tandis qu'autour de lui les morts sont abandonnés sur le chemin, des morts dont les corps sont attaqués par les fourmis et les araignées, et bientôt ce seront les blessés que l'on laissera sur place juste après avoir vu dans leurs yeux cette inattendue humilité pétrie d'angoisse et leurs cris couvriront presque ceux des assaillants et s'entendront à des kilomètres, ajoutant à la terreur des hommes marchant toujours la culpabilité, le sentiment de trahison, l'impression qu'ils seront à tout jamais hantés par les spectres des camarades abandonnés dans l'herbe sombre avec une balle de la taille d'une bille dans le ventre.

*

Dans le camion, c'est-à-dire après avoir vu son groupe être décimé et s'être retrouvé seul puis encore seul – pas mort, encore vivant, alors que peut-être aurait-il dû, comme son grand-père, c'est-à-dire afin de respecter ou du moins de poursuivre une sorte de tradition, mourir au combat – à la lisière nord de la plaine, mais parmi d'autres soldats égarés, hagards, dispersés à la manière d'un cortège de zombies, il se rendit compte ou plutôt il ressentit cette si particulière et bientôt familière douleur dans sa jambe, l'intense picotement de milliers de fourmis affamées et brûlantes dans son membre droit transpercé par on ne savait plus trop bien, entre le métal ou le bois, de quoi il s'agissait ; se rendit compte de sa blessure, c'est cela, et, sans qu'aucune réaction n'apparaisse sur son visage – ni plainte ni étonnement ni inquiétude –, la signala machinalement à celui qui semblait être l'officier en charge de ce transport de demi-morts, un officier qui, lui, fut surpris que personne n'ait remarqué la blessure et gêné de devoir s'occuper d'un blessé et même dégoûté par l'aspect terreux et sale de la plaie, et ainsi, les choses s'enchaînant en recouvrant une certaine logique après tant de journées hasardeuses, il dut être soigné à l'hôpital où, durant deux longues semaines – peut-être que cela dura plus, le temps, épais et moite, ne lui apparaissant presque plus perceptible –, il put ressortir son carnet plissé et noirci, la tranche tachée de sang, et saisir – obsessionnel but – et les malades et les infirmières et le décor, lits, fenêtres, barreaux, machines, son univers médical, en somme, gris et rouge, morbide, métallique, et ce, sans pour autant s'attacher aux détails, à la précision des traits, à ce qui était, mais plutôt à ce qu'il voyait, à ce qui lui apparaissait – les êtres et les choses qui, pris dans la lumière, s'extraient de l'obscurité pour offrir une interprétation du monde –, tandis qu'il se trouvait douloureux, alité et fiévreux, parfois même halluciné, dans un dortoir empesé de parfums d'éther, de sang séché et de coriandre, malade au bout du monde, se disait-il, en tout cas loin de chez lui et de ses parents à qui il n'écrivait pas et dont il ne se souciait pour ainsi dire pas, car lui était insupportable la simple idée d'utiliser ses mains et ses yeux pour autre chose que dessiner ou tirer le drap jusqu'à son menton ou regarder à travers la fenêtre les hommes et les femmes à la peau jaune ou à la peau plus claire entreprendre sans le savoir leur procession absurde ou épier les singes dans les arbres qui contemplent ce qu'il voyait lui aussi : cette absurde procession des humains lui procurait une sorte de vertige, de dégoût, une effrayante impression de devenir fou, ce qui explique peut-être qu'un jour il le devint et qu'il se leva, quitta son lit et le dortoir, traversa l'hôpital en ignorant le corps médical qui l'ignorait, ignora la douleur à sa jambe que la position debout réveilla, se rendit compte qu'il boitait et comprit qu'il boiterait toujours, mais qu'il s'habituerait à la douleur, partit dans les rues de la ville à la recherche d'on ne sait quoi, errant plus qu'il ne cherchait, et, comme il le raconta plus tard, fut soudainement possédé par une irréductible envie de disparaître, non pas se fondre dans la masse des passants, non pas se cacher ni être anonyme, mais s'évaporer ou se dématérialiser, à la limite devenir profusion de molécules dans l'air et retomber pour adhérer à la terre ou au béton ou aux gens, peu importe, le tout étant de disparaître, de ne plus exister sans pour autant mourir, mais voilà, il croisa un petit groupe de militaires étonnés de voir un Occidental hébété, les yeux injectés d'ivresse, en peignoir d'hôpital avec sur sa cuisse droite un impressionnant pansement où affleurait une tache rouge sombre, alors ils le raccompagnèrent et des infirmières taciturnes et lasses le récupérèrent en silence et le conduisirent jusqu'à son lit à côté duquel, sur le petit meuble qui servait de table de chevet, quelqu'un avait posé une carte postale un peu racornie représentant les Alpes enneigées.

*

« Affectueuses pensées des Alpes où je soigne mes bronches. Aimée. » Aimée avec qui il se croyait fâché, Aimée qui enfant ne l'aimait pas, mais qu'il a dessinée durant des années, presque en cachette, fasciné par sa morgue et sa vicieuse et provocante insouciance, son désintérêt hautain et factice, Aimée qu'il a possédée un matin avant de s'enfuir sans dire un mot, Aimée lui a écrit ces quelques mots, pas davantage, c'est-à-dire sans faire allusion à la guerre et au combat, lui a écrit, persuadée qu'il était en vie et peut-être sans même se poser la question de savoir où il était, juste pour dire qu'elle pense à lui et qu'elle veut le voir et, dans une certaine mesure, l'attend – aussi l'imagine-t-il se reposant allongée sous une couverture avec devant elle la montagne qu'elle ne contemple pas, car préférant regarder avec tendresse un vieux dessin du jeune homme posé sur sa table de nuit ou un de ceux qu'il exécute journalièrement depuis qu'il est convalescent et qu'il se promet de lui envoyer –, dévoilant ainsi un désir jusqu'ici refréné et enfin révélé par et pour d'étranges raisons ésotériques, par exemple parce qu'à des milliers de kilomètres de distance ils se retrouvent sans le savoir tous deux à l'hôpital, ou elle en clinique et lui à l'hôpital, comme si leurs soucis de santé, leur situation de fébrilité – l'inflexible rappel à l'ordre opéré par le corps –, en avaient joué le rôle d'entremetteurs, avaient balayé les barrières de l'espace et du temps, accéléré les choses ou nié les détails de ce que l'on pourrait appeler la phase préparatoire en créant une ellipse ou plutôt en se délestant des futiles hypocrisies humaines, de leurs manières, de leur cinéma : s'expliquer, se justifier, beaucoup parler ou jouer ou minauder pour arriver au but souhaité et connu de tous, se passer de tout cela, donc, pour atteindre directement l'étape où deux personnes qui se sont mal cherchées enfin se trouvent ; deux personnes qui se sont mal connues se connaissent.

*

D'abord bêtement ou naïvement surpris par le contraste – ou par la fin de l'illusion ou par la force de la réalité – entre la peau lisse et blanche (impression de marbre) telle qu'il la voyait lorsqu'il se tenait debout à un mètre du lit et celle, finement granuleuse et imparfaite, subtilement tavelée de reflets jaunes et violets (impression de fruit), qu'il découvre maintenant que son visage n'est plus qu'à quelques centimètres de la cuisse, puis tout bonnement fasciné par la chair, sa prodigieuse densité, son étourdissante générosité, notamment lorsqu'en un pli miraculeux – parce qu'il délimite, présente et propose la partie du corps à aimer – la cuisse rejoint la fesse et annonce déjà la fente qui, partant de la toison brune, électrique, conquérante, disparaît en plongeant dans les draps sur lesquels elle – comme tout le corps – repose en offrant ce sublime et captivant tableau où chaque détail est un trésor ou un mystère, chaque recoin un émerveillement, parce que le tout (le pli entre chaque fesse et chaque cuisse, les fesses débordant du dos et écrasées sur les draps, le fente très légèrement ouverte et la toison électrique) apparaît au jeune homme dans sa plus parfaite composition en récréant une singulière harmonie à partir de belles irrégularités et de défauts magnifiques, comme par exemple cette chair d'un rose plus cru tentant de poindre à travers la toison envahissante et qui, petite touche de couleur vive illuminant le regard et l'imagination, suggère l'entrée du lieu qu'il faudra explorer, et ce, bien que ce terme (explorer) souligne maladroitement, incorrectement le sentiment d'inquiétude perçu par le jeune homme devant ce qui lui semble être un sublime, rond et charnel secret, certainement parce qu'il n'en voit et ne verra que l'extérieur, la surface des choses, du corps, peau, poils, chair, jamais l'intérieur qui se cache pour ainsi dire derrière peau, poils, chair, et se contente de seulement signaler son invisible existence à travers l'orifice ; l'intérieur qui échappe en tout cas à la vue et se devine du bout des doigts et de la langue, aussi le jeune homme y enfouit sa bouche les yeux fermés et parcourt ce capiteux univers dans et contre lequel l'extrémité de sa langue, contractée ou souple, humide de salive et de fluide, se meut lentement ou accélère, s'enfonce dans le con ou demeure à la surface pour en délimiter les contours, se rétracte parfois pour disparaître et permettre au jeune homme d'embrasser à pleine bouche le sexe d'Aimée afin d'en savourer pleinement, goulûment – comme s'il craignait de ne plus jamais pouvoir connaître une telle extase de sens – le goût de celle qu'il aime vraiment, pense-t-il, puis ce n'est plus une histoire de langue, le jeune homme ithyphallique introduit son pénis qu'Aimée appelle, et essaye avec son membre de voir et comprendre cet intérieur, mais échouant, car au bout d'un incompréhensible moment d'une immesurable durée, sa fascination curieuse disparaît au profit d'un plaisir sauvage, d'un abandon où corps et esprit ont résolu leur fusion, et il se laisse emporter par une incontrôlable mais douce, frénétique mais délicieuse convulsion, au point qu'en un instant il trouve ou retrouve quelque chose de perdu depuis la guerre : il désire à nouveau vivre ou mieux encore vivre à tout jamais dans Aimée – de laquelle pourtant il sera bientôt exclu après avoir explosé et s'être confondu dans une inavouable délectation – et, surtout, il aimerait conserver (apprivoiser, maîtriser) cette vivifiante et salvatrice façon d'être au monde, comme un retour au primitif, à l'originel, ressentie tout contre le corps de son amour.

*

Il se souvient qu'à son arrivée son regard avait été tout d'abord attiré par trois panneaux placés à l'entrée du site et sur lesquels on pouvait lire : panneau 1 : diverses informations historiques et économiques célébrant le bon fonctionnement et le rayonnement de la Société des salins et pêcheries dont on venait de commémorer le centenaire (évolution du statut juridique, quantité de sel produit, récoltes records, périmètre, extension, exportations...) ; panneau 2 : la liste complète, avec photographies, des gérants et directeurs de la Société depuis sa création, tous descendants directs de son fondateur, Émile G. (présenté de profil, en costume, sorte de Victor Hugo jeune, aimable mais fier ou convaincu de son importance) : Charles, portant veste, gilet et nœud papillon, larges moustaches grises et bouc pointu blanc, chauve, le visage rond, avec de belles joues, sérieux mais plein d'une arrogance tranquille, regardant au loin à la manière d'un marin, d'un capitaine d'industrie ; Louis, qui, à la différence des autres, est dessiné avec précision au fusain, dégarni, le front formant un M, portant veste et cravate, lunettes, barbe blanche et longues moustaches, le regard fixant avec concentration quelque chose situé à sa gauche, la main posée le long de l'arête du visage avec, formant ainsi un L à l'envers, l'auriculaire positionné sous la lèvre inférieure, bien parallèle à celle-ci ; Pierre, en costume-cravate, col de chemise rigide et pointu, petites lunettes rondes derrière lesquelles affleurent de petits yeux noirs, cheveux gris coiffés en arrière, visage hésitant entre la douceur que produisent la gêne et la sévérité de la fonction, bouche stricte dépourvue de lèvres – archétype du directeur ou du haut fonctionnaire début de siècle ; Émile, dans ce qui semble être son uniforme militaire, encore jeune, les cheveux bruns coiffés en arrière, petite mais épaisse moustache noire, le regard fixé droit devant lui, dégageant quelque chose comme de l'inquiétude ou de la contrariété teintée de lassitude, un esprit poète ou artiste, peut-être, pouvant expliquer ses velléités de mécénat, notamment l'achat régulier de tableaux d'artistes locaux. Suivait la simple mention d'autres membres de la famille, tous masculins, n'ayant cessé de participer à l'administration et à la direction de la Société, ce qui fit réaliser au jeune homme qu'il existait ce que l'on appelait des dynasties, à savoir une succession de générations de garçons et certainement de filles prolongeant une lignée, héritant les uns des autres sans se soucier de ce qu'ils laisseront à leur descendance, sans même se soucier de la possibilité d'une descendance tant ils se sont toujours pour ainsi dire multipliés, se sont toujours perpétués dans la facilité et une certaine opulence, avec la certitude de transmettre quelque chose, se permettant même d'élargir leurs branches et de faire varier leurs caractéristiques, de prendre d'autres chemins, professionnels et/ou sociétaux, produisant ainsi des individus liés par le sang mais différents, quelques-uns plus riches, d'autres carrément pauvres, des neveux, des nièces, des cousins, qui eux aussi ont eu des fils et des filles, inutiles ou passionnants, rentiers ou travailleurs, un docteur, plusieurs avocats, un sculpteur, des commerçants, des entrepreneurs, un ébéniste, un ivrogne... ; panneau 3 : légèrement à distance des deux premiers, le troisième panneau présentait, photographies et plans à l'appui, le centre d'habitation qui, en même temps que le salin, avait pris naissance à proximité, dans la pinède. Un petit texte soulignait à quel point la Société avait toujours pris soin d'améliorer les conditions de logement de son personnel et indiquait notamment que la maison ouvrière la plus récemment bâtie avait été inaugurée le jour du centenaire, maison dans laquelle l'homme et Aimée habitent désormais.

*

Revenu de la guerre, un peu brisé, un peu déboussolé, amoureux, ça d'accord, mais tout de même un peu perdu, il fallut travailler étant donné que la peinture ne nourrit pas et qu'après avoir reçu son prix il avait quitté brutalement l'école d'art pour partir combattre. Alors, il devint ouvrier salinier parce que c'était à côté, parce que c'était sur la route et qu'il voyait tous les jours la magistrale et incompréhensible montagne de sel jaillir des étangs, mais aussi parce que c'était le métier de son arrière-grand-père, et, en faisant ce choix qui en était à peine un, sans s'en rendre compte, pensant même tout le contraire (une vague idée de rendre hommage), il contrariait les projets qu'avait jadis élaborés l'ancêtre, à savoir ce désir de voir chaque génération améliorer la lignée en gravissant un échelon de l'échelle sociale, c'est cela, il contrariait les projets de l'ancêtre, puisque, ne se contentant pas d'atteindre le niveau, pour ainsi dire, de son père, il faisait même marche arrière selon les critères de l'ancêtre, il reculait, redescendait l'échelle en se mettant à travailler au salin, mais la guerre ayant irrémédiablement cassé quelque chose chez lui ou peut-être pas cassé mais abîmé quelque chose en lui, il ne se posait pas la question (celle concernant l'amélioration de la lignée) et paraissait subir les choses (travailler, être là) sans s'y intéresser, c'est-à-dire au départ aveuglé, ne voyant rien, à part peut-être la montagne de sel, et même, ne la regardant pas vraiment, la devinant seulement en tant que reflet d'un monde qui lui échappe, en tant que reflet du monde des vivants, lui-même ne se sentant vivant qu'au contact d'Aimée, dans les bras d'Aimée. La guerre, ça te change un homme, disait-on autour de lui parce qu'on ne savait pas quoi dire, on ne savait pas comment définir et interpréter cette profonde lassitude, presque une absence, que dégageait l'homme que l'on nommait au salin comme on l'appelait là-bas : le peintre, ce qui ne le touchait pas, car, bien qu'il se retournât à chaque fois qu'on l'interpellait ainsi, il n'entendait pas. Et maintenant il extrait et transporte du sel et, même si le salin se modernise peu à peu et qu'il achemine de plus en plus souvent du sel au volant d'un tracteur, il lui arrive encore, parce que c'est parfois plus rapide ou parce c'est plus simple, ou encore parce que le gros de son travail, hors récolte, consiste à entretenir le bassin et les partènements, de faire craquer le sol en y plantant sa pelle tandis que le sel et le vent et le soleil et aussi les moustiques lui brûlent le visage et transforment sa peau en carapace rouge puis brune, des jours durant il arrache des mauvaises herbes, arrange des bordures ou pellette jusqu'à s'user les tendons, aussi désormais, lorsqu'il ne tient pas sa pelle, ouvre-t-il et ferme-t-il sa main instinctivement, comme un tic, comme le faisait son arrière-grand-père, et ce douloureux héritage qu'il ignore donne le sentiment qu'il est malade des nerfs, mais non, aucunement, c'est paisiblement qu'il déambule le longs des bassins ou se cache derrière de petits monticules de cristaux qui, ces monticules, essayent de durer en se multipliant jusqu'à couvrir l'horizon, mais, ces petits monticules, ne pouvant que modestement annoncer la camelle, la montagne ou, si l'on veut, colline de sel prismatique continuellement alimentée (en sel) par une cheminée érectile, trait gris coupant le ciel bleu que l'homme ignore, oui, mais involontairement, pour l'heure uniquement préoccupé par le désir de reprendre sérieusement, dit-il, la peinture – pour l'instant il ne peint pas ou si, juste quelques aquarelles, en dilettante, pour ne pas perdre la main ou pour faire plaisir à Aimée, répondre au souci de décoration intérieure de celle qu'il a épousée –, mais également par les courses hippiques auxquelles il se rend après le travail, sans son père, sans s'approcher des chevaux, pour essayer de gagner de l'argent, certes, mais surtout parce que l'hippodrome se trouve là, tout près, visible depuis certains endroits du salin, c'est cela, l'hippodrome se trouve sur la même route, juste en face, dans la continuité de la pinède où la compagnie a installé les ouvriers dans des maisons, et donc il s'y rend souvent et rêve, à chaque pari, à chaque course, d'empocher le pactole, pas pour quitter le salin, où il se sent bien – même si chaque soir quand il retrouve Aimée et se colle tout contre elle il ne peut envisager de la laisser à nouveau le lendemain matin –, mais pour gagner, seulement gagner, car non, il ne voudrait pas quitter le salin, il aimerait même devenir saunier pour pouvoir modeler le paysage, le créer, en quelque sorte, faire varier la palette chromatique des bassins et des partènements, modifier l'épaisseur du sol, travailler la matière. Saunier, il pourrait s'inventer des habitudes lacustres et circuler en solitaire dans le salin et réfléchir – en tant que peintre : avec l'objectif de la peinture – en scrutant le rose saumoné, l'orange et le gris bleuté, presque violet, qui s'étalent à la surface de l'eau en fonction du soleil, du vent et de la teneur en sel, ou en se laissant surprendre par le blanc craquelé tirant vers l'argent, parfois le parme, de ce qui ne ressemblera jamais autant à l'écorce de la terre, piquetée de noir pour signifier sa boursouflure, sa tension, son désir d'exploser (son besoin d'être libérée à coups de pelles) alors que, seulement quelques mètres devant, elle (l'écorce de la terre ou du moins la peau qui lui pousse en ce lieu) paraît calme et apaisée recouverte d'une robe laiteuse aux miroitements bleus, ou encore regardant avec fascination la présence organique du sel sous l'eau brune qui gagne celle-ci telle une fumée solide et aquatique, quelque chose d'animal et de vorace dans sa capacité à proliférer, et réfléchir aussi en observant les flamants roses fiers et stupides avec leurs ailes orange et noir et leurs becs tordus, comme écrasés au bout, comme dégoulinants, donnant au volatile cet air fruste, les observer, grégaires, tournant leurs longs cous d'un côté ou de l'autre avec hésitation, sans intention particulière ni but, se contentant d'être là, peut-être conscients, oui, saunier, il pourrait ainsi s'imprégner de la beauté du salin pour non pas peindre, mais sculpter le paysage, le modeler en le transformant, creuser la terre, travailler l'eau jusqu'à ce qu'elle devienne sel, jusqu'à ce que sa disparition offre autre chose.

*

Avec, tout autour de lui, ses collègues qu'il fixe silencieusement en imaginant qu'il pourrait les peindre, encroûtés de sel au volant de leurs tracteurs ou endormis au café, accrochés au comptoir pour ne pas sombrer, fixant avec des yeux tristes leur pastis ou leur verre de rosé, puis, le soir venu, jouant à la belote pour retarder le moment de rentrer, ou, mieux encore, les peindre comme ils sont maintenant, au moment précis où il les regarde, braillards et vifs, bouillonnant de rires et d'outrance tandis qu'ils ingurgitent leur repas avec rage et hurlent des insanités, frappent dans leurs mains et se tapent dans le dos en se faisant passer la cruche de vin à laquelle ils boivent directement, comme boivent les pèlerins ou les naufragés, c'est-à-dire buvant pour étancher une immense soif, un immense désir, dans la joie et l'exagération, puis ils reprennent leur couteau, qu'ils plantent dans une tranche de saucisson ou un bout de fromage, dans un dernier quignon de pain ou un quartier de pomme qu'ils portent à leur bouche lentement cette fois-ci, décomposant leur geste jusqu'à ce que le bout de pain, de fromage, de saucisson ou le quartier de pomme soit avalé dans un soupir d'extase contribuant à transformer chaque jour ce simple repas, cette minuscule pause dans une journée laborieuse, en une fête que le peintre affectionne parce qu'elle lui offre un beau sujet éventuel, mais surtout parce que parmi ses camarades travailleurs, durant ce repas d'ouvriers assis dans la poussière ou sur des caisses en bois, il est traversé quotidiennement par un souffle vital ou plutôt par la fragile certitude que tout ceci a un sens, que le fait d'être là a un sens, que les gens présents ont un sens, fragile certitude qui le soutient et révèle le caractère essentiel et plaisant de son emploi au salin, au point qu'il se dit parfois, sur le ton de l'humour, être plus ouvrier que peintre, mais aussi se pose parfois sérieusement la question – peintre obligé de faire l'ouvrier ou ouvrier peignant ? –, tout en sachant que la réponse n'a aucune importance, car c'est à peu de chose près le même besoin qu'il assouvit lorsqu'il peint les femmes au lavoir, leur espièglerie désabusée, leur entrain factice, qu'il peint son père découpant avec facilité et assurance, une sorte de noblesse, la viande, nature morte vraiment morte où les rouges triomphent, ou qu'il extrait le sel ou qu'il boit avec les autres saliniers, c'est-à-dire le même besoin de transformer quelque chose ou d'arrêter le temps, notamment pour immortaliser ce métier qui, il le sait, il l'a compris sans jamais se l'avouer, va disparaître – déjà les machines, facilitatrices et ogresques, ont entamé leur ballet autour des bassins, poussant les hommes toujours fatigués et pourtant peu à peu convaincus à tort de leur inutilité derrière la montagne de sel ruisselante –, ce métier de salinier qui, eau évaporée comme les saisons, se cristallisera dans le souvenir et renverra bientôt au temps jadis, à quelques photographies en noir et blanc, quelques cartes postales que dépoussiéreront les conservateurs de musée, oui, comme d'autres métiers, mais celui-ci est le sien, alors il veut le peindre et il le peint.

*

Chaque jour à midi, surgissant de la pinède pour se présenter au portail d'entrée du salin après avoir miraculeusement bondi par-dessus la route, Aimée apporte le repas de son époux dans un panier usé et décoloré, quasi centenaire, dont elle refuse de se séparer, préférant le renforcer plutôt que d'en acheter un autre tant qu'elle peut, sans trop de risque – l'anse, consolidée d'une petite cordelette, semble ne plus pouvoir supporter grand poids –, le garnir d'un menu quotidien toujours différent, toujours composé avec un double souci de plaisir (pour son bénéficiaire) et d'efficacité nutritive (afin que ce dernier puisse terminer sa journée de travail), sans jamais omettre d'y glisser un petit mot afin de rappeler à son salinier de mari l'amour qu'elle lui porte et peut-être lui donner du courage pour le reste de la journée – là aussi, plaisir et efficacité –, un minuscule billet sur lequel a été rapidement griffonnée la phrase « Je t'aime », « Hâte de te retrouver ce soir » ou « Bon appétit mon amour », c'est-à-dire des mots simples, sans effusion ni prétention, mais qui possèdent – peut-être parce qu'ils sont simples et sans prétention – une puissance de réel, la solidité et la beauté du vrai, une indiscutable sincérité empêchant que s'affadisse cette habitude pourtant quotidienne, que ne s'érode cette missive miniature dont jamais son destinataire ne se lasse, journellement ému et revigoré par le contenu de ce panier où sont cachés ces mots d'amour que l'homme attend impatiemment dès qu'approche la pause méridienne, tout comme il guette (avec autant d'impatience) l'entrée d'Aimée dans son champ de vision, apparition divine de son épouse divinement drapée d'une robe à fleurs irisant le salin, dans lequel elle fait son entrée, de touches printanières ou automnales, lumières de saison qui attirent tous les regards lorsqu'elle (Aimée) semble se dresser telle une Vénus botticellienne au-dessus des ouvriers assis, plongeant leurs mains aveugles dans des gamelles dépourvues de petits mots, et le regard de son mari, lui aussi envoûté, lui aussi chaque jour émerveillé, chaque jour surpris d'être aimé par ce miracle incarné, d'être l'objet de ses bontés qu'il reçoit avec gratitude et fierté – oui, il est fier qu'Aimée soit sa femme, comme celle-ci aime susciter cette fierté –, ce regard, donc, à ce point captivé, à ce point subjugué (par cette apparition, la robe à fleurs, le panier) qu'il se demande pourquoi Aimée n'est-elle pas son unique sujet, sa seule obsession picturale, tandis qu'elle s'éloigne déjà, retourne en direction de la pinède, dans laquelle elle s'enfonce, se cache et se rend invisible afin de dissimuler un corps qui, après sa triomphale parade contenue, s'écroule de fatigue dans un interminable râle, une morbide quinte de toux.

*

Un petit groupe de personnages – uniquement des hommes aux visages burinés et brunis, aux cheveux noirs hirsutes et apparemment sales, aux moustaches sauvages et aux barbes broussailleuses, aux vêtements modestes taillés dans une toile modeste ; des hommes apeurés et en colère, implorant la pitié de leurs bourreaux tout en conservant une dignité de victime tragique –, levant les bras ou brandissant le poing ou gisant au sol dans une flaque de leur propre sang devant les fusils que des gendarmes pointent sur eux, compose la scène ou le sujet de l'œuvre, bien que ne couvrant qu'un dixième de la toile de 92 x 65 centimètres, un dixième relégué dans le coin inférieur gauche du tableau où les êtres apparaissent, certes au premier plan – à l'instar de leur pendant ornithologique : une poignée de flamants roses placés quant à eux, presque par provocation, en quelques touches de noir et de rose, dans le coin inférieur droit –, mais comme miniaturisés, écrasés, ridiculisés par la nature paradoxale et magique d'un paysage organisé, modelé par l'homme, mais qui surgit pourtant, sublime, de manière autonome, indépendante, rebelle, développant quelque chose de glauque, d'inquiétant, peut-être à cause de sa régularité contrariée, de son systématisme, que l'artiste propose en juxtaposant des bandes où le gris devient peu à peu noir et des rectangles d'eau rose, violette et bleue ou du sel blanc-gris aux coulées mauves, tandis que la ligne d'horizon rectiligne, presque décevante, coupe le tableau en deux parties égales et offre un ciel flamboyant dont le bleu métallisé de la nuit qui vient ou qui reste teinte les nuages d'un gris rocailleux ; des nuages noyant le ciel, l'envahissant, le recouvrant presque, mais non, ne résistant finalement pas au jaune, à l'orange, au mauve et au rose qui les traversent et percent le gris nuit, tandis qu'un autre ciel, brillant, doré jusqu'au blanc, s'extirpe de la terre (promesse de naissance) – un autre ciel qui aurait peut-être quelque chose de Turner, certainement pas dans son mouvement (tout y semble figé, pétrifié par la mort) ou dans sa forme (nuages arrondis et découpés, en relief, réfutant le chaos), mais plutôt dans son expressivité romantique, révélatrice d'on ne sait quel tourment, d'on ne sait quel drame rappelant certes la scène qui donne son titre au tableau (*Massacre des Italiens d'Aigues-Mortes*) tout en confirmant que la restitution de celle-ci n'est, pour le peintre, que prétexte à magnifier, jusqu'au triomphe ironique, le paysage et le ciel du salin.

*

Ce ne furent pas les commandes de plus en plus nombreuses qu'on lui passait ni les billets – maintenant par liasses – ou les chèques qu'on lui tendait, ni les réflexions amicales et moqueuses de ses collègues disant qu'il venait travailler au salin uniquement par plaisir sadique d'être salinier ou seulement pour les observer eux, ses collègues, afin d'en faire des peintures, ni encore plein de petits détails qui, pris séparément, étaient trop anecdotiques pour l'éclairer – alors qu'il aurait suffi de les additionner pour constater un véritable changement (de vie, d'habitudes, de pratiques) –, mais ce fut la soudaine absence dans sa maison de tableaux achevés, hormis les quelques petits formats conservés par nostalgie et stockés dans un placard abritant ce qu'il appelait sa collection personnelle, qui permit au peintre de réaliser qu'il avait atteint une certaine réputation, un certain succès, comme si le statut de peintre ne se concevait qu'en opposition à celui de collectionneur, comme si la création se distinguait de la possession – cette idée que, une fois terminée, l'œuvre n'appartient plus à son auteur et que seul cet abandon au profit d'autrui légitime le titre d'artiste –, et qui, en lui procurant tout d'un coup la sensation d'être dénudé, la paradoxale impression de s'appauvrir, alors que le ménage s'embourgeoisait doucement – plaisir bourgeois de l'épure : murs blancs de la maison vide de tableaux –, l'angoissa quelque temps avant que la bascule, pour ainsi dire, ne se fasse complètement et que sa position nouvelle ne soit confirmée par quelque sollicitation de galeriste, quelque proposition de la municipalité, alors là oui, il prit conscience que son monde changeait et qu'il lui était désormais permis, non plus seulement d'espérer (une vie d'artiste), mais de se dire artiste, artiste reconnu, d'oublier sa modestie – arrêter de penser qu'il ne pouvait pas être désigné ainsi – et d'affirmer avec calme et certitude son statut, et ainsi d'envisager sereinement son avenir (artistique), à savoir : davantage de tableaux, davantage de ventes, certainement cesser son activité au salin pour concéder plus de temps à la peinture, plus de temps pour son art, gagner plus d'argent encore, malgré l'ambivalent dégoût ressenti à chaque fois qu'il saisit une poignée de billets, à chaque fois qu'il achète un objet qui lui semble pourtant inutile ou du moins futile, mais faire plaisir à Aimée en se montrant davantage attentionné, davantage soucieux de son bien-être à elle, consolider leur foyer, en somme, et construire une famille, avoir des enfants qui recevront en héritage ses tableaux et son argent, un patrimoine qu'ils n'auront plus qu'à faire fructifier – il accepta sa nouvelle condition de peintre reconnu, certes régionalement, et se mit à croire en une carrière et à désirer cette vie, se surprenant d'avoir à ce point foi en l'art et foi en lui.

*

L'idée de concevoir uniquement des tableaux représentant Aimée, c'est-à-dire faire de son épouse l'unique objet de son art, s'imposa à lui dès qu'il apprit qu'elle était gravement malade, et ainsi, comme pour conjurer le sort en la multipliant, en créant une armée d'Aimée peintes, d'images d'Aimée, pour combattre la maladie dans une dérisoire tentative d'inverser l'érosion du temps, il décida de la peindre simplement accoudée à table, rêveuse, voire assoupie, devant une tasse de thé, ou alors allongée sur son lit à peine vêtue d'une chemise de nuit ocre à l'outrageante pâleur, ou encore, les yeux clos et les cheveux défaits, fatigués et filasse, le visage plongé dans son inhalateur bleu céleste par lequel elle semble être dramatiquement aspirée, ou même étendue sur une chaise longue, dissimulée derrière de gigantesques et ovoïdes lunettes noires lui donnant l'air malicieux d'une habituée des milieux interlopes, un bras tombant dans le sable égrainé nonchalamment par des doigts autonomes, alors que la mer ronronnante, apaisante, se devine devant elle grâce à un énigmatique reflet azur gagnant sa chair aux dépens de la brûlure du soleil, ou peut-être de dos devant la cheminée, entièrement nue à l'exception des talons gris crème qu'elle a chaussés au sortir du bain, les cheveux redressés en un chignon cuivré dévoilant le cou, les épaules, la colonne, les fesses, les jambes, le corps pris dans un tourbillon de blanc, de rose, de bleu pervenche et Majorelle, le visage incliné échappant en partie au reflet dans le miroir, mais incliné, car le regard se pose sur le poignet autour duquel l'autre main tente laborieusement d'accrocher un bracelet, le bras maintenu au-dessus du rebord de la cheminée afin de parer à une éventuelle chute du bijou, tandis que les tibias et les genoux rougissent devant le feu et que la chaleur, qui remonte dans la toison et sur le ventre, devient difficilement supportable, mais Aimée ne bouge pas et reste presque brutalement concentrée sur l'attache récalcitrante, certainement pour ne pas penser à l'événement pour lequel elle se prépare et qui, bien qu'elle ne soit pas directement concernée, la rend terriblement anxieuse, à savoir le vernissage d'une exposition consacrée à son mari – pas la première exposition du peintre, car déjà ses toiles ont été accrochées dans des lieux plus ou moins modestes ; pas sa plus belle exposition, car certainement ce qu'il a fait de mieux a été vendu, mais sans nul doute l'exposition la plus importante, selon Aimée, car devraient s'y trouver, d'après les rumeurs, outre quelques officiels, le critique M. et l'artiste U. (« notre gloire régionale », disait le peintre, moqueur), ce qui, toujours d'après Aimée, pourrait augmenter la notoriété de son mari peintre et leur quotidien –, ce à quoi il (le mari peintre) répondit qu'il n'en avait rien à faire de M., de U. et des officiels, comme il n'en avait rien à faire de sa notoriété, ce qui l'intéressait, c'était leur quotidien, si bien sûr Aimée entendait par là une amélioration de leur situation financière, déjà relativement confortable, mais qui permettrait désormais qu'ils soient mieux armés pour combattre la maladie d'Aimée, car sinon il ne voyait pas en quoi leur quotidien laissait à désirer, tout en précisant que de toute façon il ne pensait pas une seule seconde que la présence de M., de U., des officiels ou de n'importe quel pantin, dit-il, aurait une quelconque incidence sur cette question, et ce, pour x raisons dont il l'épargnait, mais surtout parce qu'il ne le souhaitait pas, car l'idée de leur devoir quelque chose le dégoûtait et… Il s'arrêta net et regarda Aimée ou plutôt, puisqu'elle ne s'était pas retournée, son dos nu et ses fesses, le rose, le blanc, le bleu de son corps toujours positionné devant la cheminée, toujours essayant d'attacher un bracelet tandis que la chaleur du feu vif tiraillait la peau de ses cuisses et de ses tibias et remontait dans son sexe, il regarda son chignon cuivré et son cou, la générosité d'une chair ainsi offerte, n'acceptant comme entorse à sa nudité que le port innocent de talons, et il fut pris d'une grande tristesse coupable en comprenant que son énervement, dont elle était l'injuste victime silencieuse, renvoyait au symptôme grossier de sa propre anxiété, bien plus hypocrite, bien moins sensible, altruiste et sincère que celle d'Aimée, et cette anxiété cachée avait, pensa-t-il, abîmé Aimée davantage : en s'énervant contre elle qui disait ce qu'il essayait de dissimuler, il lui semblait qu'il avait renforcé sa maladie. Alors il se jeta à ses pieds et embrassa ses mollets, ses cuisses et ses fesses en lui demandant pardon, il pleura même un peu, sans bruit, tout en murmurant quelque chose comme je ne veux plus rien peindre d'autre que toi.

*

Posant sans déplaisir, au début, parce que cela la flattait – elle se croyait laide –, puis jouant le jeu, c'est-à-dire acceptant, passive mais soucieuse, d'être parfois – assez rarement en fait – représentée sur une toile dont elle ne s'imaginait pas être le sujet, comme s'il lui était demandé de l'agrémenter, de la compléter, mais également – il lui fallut un certain temps pour le comprendre – parce que cela l'amusait de retrouver (reconnaître) ses traits sur le personnage peint et d'ainsi voir comment elle était vue par son époux, de voir ou plutôt de deviner le désir de celui-ci, la fascination charnelle qu'elle exerçait sur lui, ce qui lui fit alors comprendre, sans qu'elle se l'avoue vraiment, que jamais elle n'a été un agrément, un complément aux tableaux de son mari, et même si, en effet, elle n'en était pas le sujet, jamais, sur les quelques œuvres où elle apparaissait, seulement une poignée, elle ne fut réduite au simple artifice, car elle fut toujours peinte avec envie, Aimée perçut des changements dont elle ne se soucia d'abord pas, les attribuant, à juste titre, à sa maladie encore récemment décelée, mais envisageant également une soudaine évolution, comme le franchissement d'une étape, le passage à une autre période, dans le travail du peintre, puis elle comprit que ce n'était pas une question d'évolution ou d'étape en constatant qu'elle était devenue – et là sans l'ombre d'un doute – le sujet des œuvres de son mari, et même son sujet unique, obsessionnel, ne se contentant plus d'apparaître, mais occupant la toile, tableau après tableau, jour après jour, à travers une production frénétique et nerveuse, continue, et d'une certaine manière tyrannique, ce qui transforma sa vague gêne en malaise, et ce, jusqu'au désespoir. Pourtant elle ne refusa jamais de poser pour un nouveau portrait et ne commenta jamais – c'est-à-dire qu'elle ne fit jamais de remarque ou de reproche – les mises en scène reproduisant la simplicité du quotidien, la banalité quotidienne célébrée de façon à ce que le moment saisi soit le moment absolu, celui contenant et gouvernant tous les autres – le moment inusable et éternel –, dans lesquels elle apparaissait rêveuse ou distraite, comme éloignée, et ce, quelle que soit la situation, quelle que soit l'intensité de la scène, à moitié nue sur son lit au réveil ou assise sur un fauteuil en rotin au pied d'un pin parasol ou laissant tomber un peignoir de soie rose le long de son épaule ou encore lisant – la lecture : les tableaux la représentant tandis qu'elle lit se multipliant au point que tout image d'elle sans livre trouble le regard – le haut du corps dans la pénombre bleue avec seulement ses mains tenant un livre éclairées par une lumière descendante s'écrasant sur le mur en petites cercles colorés, mais disparaissant ou, du moins, quittant Aimée. Non, jamais elle ne refusa, jamais elle ne trouva à redire, parce qu'elle voyait jusqu'à la brûlure ce qui se jouait pour son mari, elle percevait son compréhensible besoin de la dédoubler, ce désir terriblement puéril de l'immortaliser, et ce, en ayant probablement l'impression qu'il pouvait ainsi l'aider, peut-être pas la soigner, mais quand même la protéger de la peur, alors que c'était sa propre peur qu'il tentait ainsi d'éteindre, sa peur d'époux et de peintre, elle le savait, ses angoisses de peintre et d'époux ne supportant pas l'idée de la disparition, de l'érosion, de l'évaporation, elle le réalisait et c'est pour cela qu'elle décidait de se taire pour consoler son époux, parce qu'elle se disait responsable de sa tristesse ; parce que sa maladie était la cause de cette crise picturale, elle acceptait que son mari ne la regarde plus, malgré l'amour qu'il lui portait, ce dont elle ne doutait pas, comme son épouse, mais comme un sujet, ne la voie plus comme elle est, mais comme elle sera, à savoir morte, et chaque toile lui rappelant cette irrévocable et dramatique issue : sa mort prochaine, subissant ce rappel quotidien – alors qu'elle avait admis la chose (sa mort) – moins par goût pour les peintures de son mari, dont elle appréciait sincèrement le travail sans savoir si c'était celui d'un grand peintre ou celui d'un habile amateur, que par amour, à la manière d'un Christ féminin.

*

La chaleur dégageait depuis plusieurs semaines quelque chose d'andalou par son outrance, son caractère baroque, couvrant l'air et le jour d'un voile de brume jaune orangé, presque or, ce qui rendait les journées d'Aimée insupportables, insupportable aussi la respiration d'Aimée, dont le visage se tordait d'atroces mimiques à chaque quinte de toux, l'entraînant aux frontières de l'asphyxie, parfois accompagné de convulsions tellement intenses et spectaculaires, mais aussi terrifiantes, qu'elles renvoyaient à de moyenâgeuses histoires de possession contrastant violemment avec le soulagement, l'apaisement, voire l'extase qu'exprimaient les traits d'une Aimée devenant pour quelques secondes sainte Thérèse une fois la toux partie, la respiration retrouvée, passant ainsi de l'étouffement à l'extase, sans qu'aucune plainte sorte de sa bouche, se contentant juste de remercier son mari qui est resté à côté d'elle durant la crise avant de la laisser se reposer et de regagner son atelier et d'éclater en sanglots silencieux, secrets, puis de prier un dieu auquel il ne croit pas pour que s'abatte sur le salin un orage susceptible d'éteindre tous les feux, cet orage habituellement tant redouté – et alors il peint une Aimée sacrifiée, sauvée par l'orage – qu'il attend presque comme une vengeance. Certains soirs, le peintre prétextait quelques achats pour se rendre en ville sans autre but officieux que son besoin inavouable de se soûler de bruit – automobiles, passants, travaux – pour ne plus entendre Aimée tousser, davantage par peur que par lâcheté. Ce fut au cours de ce qu'il nommait pour lui-même ses pérégrinations qu'il buta littéralement sur un clochard ayant disposé devant lui ce que le peintre pensait tout d'abord être de vulgaires dessins de mendiant, mais qu'il identifia différemment lorsqu'il se baissa pour les ramasser, car, effectivement, il s'agissait plutôt de cartes un peu rigides offrant d'impressionnantes – puisque sombres et radicales, comme désespérées – scènes religieuses, notamment quelques moines, graves et épuisés, entourés de crânes, ou différents martyres, dont celui de saint Pierre, crucifié la tête en bas, irradié d'une impossible lumière, mais aussi de nombreux épisodes de la Passion, et plus précisément un Christ sur la croix avec à ses pieds, effaré par sa propre désolation et son impuissance, saint Luc représenté en peintre, palette de couleurs et pinceaux à la main, comme un miroir de lui-même ou, inversement, une apparition, ce qui le glaça, et, au moment où il leva la tête et reconnut, derrière les fusionnelles tignasse et barbe ne laissant seulement paraître les yeux du clochard, celui que jadis on appelait le Baron, il fut traversé d'effroi et sentit son ventre transpercé lorsque l'homme qui se trouvait à ses pieds, à savoir le Baron devenu clochard, se mit à proférer, dans un mélange de borborygmes, de termes latins et de phrases sentencieuses, diverses menaces s'achevant par une sorte de prière asthmatique annonçant la proche apocalypse. Il s'enfuit et lorsque le soir même, tandis qu'il pensait au Baron et à ses cartes en fixant, à travers la fenêtre, la nuit au-dessus de la camelle, l'orage vint dans un vacarme assourdissant, martelant le sol jusqu'à le lézarder, il crut un instant à la prophétie prononcée quelques heures plus tôt, puis il entendit Aimée respirer calmement à côté de lui, mystique, comme enfin apaisée, et il fut rassuré et se dit que ce n'était pas terminé, la pluie pouvait continuer à tomber et creuser la pinède autour d'eux en formant des torrents de boue, ce n'était pas l'apocalypse, mais plutôt la fin des chaleurs infernales. Pourtant, quant il ouvrit ses volets le lendemain matin, il put contempler à l'horizon, dégagé d'une dizaine de pins parasols majestueux, gisant, racines folles dressées, sur une terre éventrée, un spectacle qui l'envahit d'une tout autre tristesse : l'orage avait détruit la récolte en rognant plus de la moitié de la montagne de sel.

*

Il a quarante ans. Il se regarde dans la glace, puis regarde Aimée, puis se regarde à nouveau dans la glace avant d'à nouveau regarder Aimée endormie ou seulement les yeux clos, comme ne pouvant pas supporter la lumière à force de supporter la fatigue, le corps d'Aimée allongé, toujours, malade, oui, souffrant, oui, mais tout de même beau et souple et rose, doux, tellement charnel, pourrait-on dire, presque conquérant dans le sens où sa carnation s'impose en un sublime éclat à quiconque le regarde, comme en ce moment même, l'homme, avant de reregarder son propre corps dans la glace et de s'arrêter sur la cicatrice de sa cuisse, boursouflure de chair de quinze centimètres de long pour moins d'un centimètre de large, et sa jambe droite dite jambe malade, moins charnue et musculeuse que la gauche, forcément, car quelque peu atrophiée, raide, mais faisant partie de lui, son regard ne quitte pas son reflet dans la glace où il se voit aussi nu qu'il peut l'être à la sortie du bain, nudité sur laquelle il se concentre, bien qu'il jette à nouveau un œil sur la superbe silhouette épuisée, amorphe et abandonnée d'Aimée, le ventre (superbe) et la poitrine (superbe) cachés par une petite couverture, puis retour sur son image dans la glace, sur sa propre silhouette : est-il déjà vieux, se demande-t-il, car il se voit déjà un peu flasque, inharmonieux, la peau marquée, sèche, les mains abîmées par le sel, craquelées, aussi toujours tachées de peinture, et ses bras sont musclés, certes, mais paraissent chétifs – simples baguettes – par rapport à son tronc, massif, large, d'un bloc, peu creusé à la taille, peu dessiné, pendant, collé à un bassin penché, car usé, car reposant sur une jambe bancale, car accidentée, comme peut le voir ce regard certes vif, certes aiguisé, certes aguerri au centre d'un visage un peu trop ramassé, un peu trop grossier, les joues qui commencent à tomber et à tirer la peau sous les yeux formant ainsi un V à l'envers à partir de l'arête du nez, lui aussi trop gros, certes proportionné et antique, mais gros, suffisamment pour trôner, pour être le point de fixation, l'épicentre de cette tête d'Italien, oui, d'Italien, et ce, sans s'arrêter trop longtemps sur la pilosité, la barbe, les sourcils, les poils sur le torse et les bras, les cheveux, frisés, épais, trop frisés, trop épais (ridiculement frisés et épais), seulement parce que les traits et la teinte et les caractéristiques de son visage renvoient à tort ou à raison, objectivement ou par la suite d'une succession de clichés, à l'idée que l'on se fait du type italien (ou plutôt latin, voire méditerranéen). Il n'aime rien chez lui, ne veut rien peindre de lui. Surtout ne pas peindre ce corps qui est maintes fois tombé, qui a maintes fois été cassé, réparé. Ne plus peindre les corps. Ou peut-être encore une fois celui d'Aimée, qu'il a déjà tant représenté. Peut-être encore une fois peindre Aimée puisque son corps à elle lui plaît tant, malgré la maladie, parce qu'il (ce corps d'Aimée) est la vie contre la mort, malgré sa faiblesse, son ralentissement, sa quotidienne immobilité, il continue à être blanc et rose, d'un blanc et d'un rose floraux laissant imaginer (ou, pour lui, rappelant) le goût de sa chair variant tension et mollesse suave. Et les mains sont fines. Et les lèvres sont fines. Et la peau est fine. Tout y est fragile. En suspension. Et encore une fois – tandis qu'il demeure nu, son sexe pendant – il pose son regard sur Aimée endormie ou seulement allongée les yeux fermés. Peindre une dernière fois le corps d'Aimée pour le sauver par la peinture, dit-il, alors qu'il n'y a rien à sauver de mon propre corps. Ou alors, non, ne plus peindre aucun corps, dit-il. Marre de la viande, si belle soit-elle. Il ferme les yeux, oublie sa nudité. L'air devient bleu, pense-t-il. La pièce s'assombrit. Tout devient bleu.

*

Pour peu que l'on s'attende au triomphe du blanc ou à celui, frais et chlorophylle, du vert quand il est magnifié par les neiges dites éternelles, il y a de quoi être déçu, à l'automne, par ce panorama jaune et marronnasse, écrasé et humide, où la terre, le bois mort et la pierre envahissante, presque mouvante, s'étalent sur des kilomètres de bosses, de plis et de replis, d'amas herbeux au-dessus desquels les sommets, rentrés, méfiants, encombrés, comme trop minéraux, trop rocheux, paraissent dormir d'un illégitime sommeil et sont maculés de traînées blanchâtres lézardant le gris et le bleu de leur surface sans aucun souci d'harmonie, le tout (la vue d'ensemble) passé, atténué, flouté par un soleil si hésitant, si paresseux, que l'œil croit voir ce paysage alpin à travers un rideau de soie sale. Et donc l'homme est déçu, car, s'il n'avait point élaboré de fantasmes au sujet de la montagne (du paysage de montagne), du moins s'attendait-il à une sorte de majestueuse présence propice à un quelconque effet de sublime – et non ce contrariant découpage marron, jaune, kaki, gris, bleu – qui lui aurait permis de s'abandonner à quelques réflexions, et éventuellement de peindre tandis qu'Aimée se reposerait ou serait aux soins. Bien sûr, il n'a pas accompagné son épouse dans ce but (la réflexion et la peinture), mais afin de lui tenir compagnie, de l'épauler, la rassurer, et sa déception n'a alors aucune importance, il le conçoit. Tout de même, un cadre inspirant et inspiré, dit-il, aurait certainement rendu moins médical, dit-il encore, le séjour d'une durée indéterminée entrepris ici dans les Alpes afin de soigner Aimée à défaut de la guérir, et plus particulièrement afin de préserver les bronches d'Aimée à défaut de les soigner, au sein de ce que l'on appelle désormais un institut, alors qu'il s'agit ni plus ni moins d'un sanatorium, de qualité, certes, c'est-à-dire moderne et confortable, mais n'évitant pas pour autant les écueils ou tares du genre, à savoir des pavillons lugubres dans et entre lesquels circulent un personnel affable ou agressif et des patients déprimés, abattus, sans espoir, ou vieux, toujours vieux, comme éternellement vieux, offrant un vivier jamais épuisé d'individus ridés et étrangement joviaux malgré la dégradation de leur corps, peut-être parce que, ultime sagesse, ils ne s'en soucient plus ou parce qu'ils ne s'en rendent même plus compte, bref, des vieux en quantité considérable parmi lesquels, pense l'homme, ils devront, Aimée et lui, mais davantage Aimée que lui, quoique, vivre et se mouvoir durant leur séjour dans les Alpes, où ils investissent la chambre 128 du sanatorium, une chambre dans laquelle le couple se retrouve chaque soir après qu'Aimée a passé une journée à inhaler, respirer, souffler avec ou sans l'aide de produits, chimiques ou naturels, avec ou sans l'aide du personnel médical, une journée à inhaler, respirer, souffler dans des salles conçues à cet effet ou en extérieur, dans le parc ou durant une courte marche que le couple entreprend parfois à la place de la sieste recommandée avant de se séparer jusqu'à la nuit tombée, l'homme s'occupant à quelques croquis, quelques études d'Aimée, du corps d'Aimée, tandis que celle-ci se retrouve enduite de cataplasmes, allongée telle une algue décrochée du fond parmi les vieux corps flétris et poreux, une position (allongée) qu'elle reproduit lorsqu'elle regagne sa chambre, mais sans cataplasmes et de façon plus inclinée, car positionnée sur une méridienne de velours olivâtre également pourvue de franges dorées qui caressent le sol, plus avachie qu'allongée, il est vrai, peut-être par manque de conviction ou de force, une jambe raide touchant la moquette du sol tandis que l'autre, repliée, le pied posé sur la méridienne, fend la robe pour offrir un début de cuisse – et l'entre-jambe suggéré – à l'homme qui ne voit pas, trop occupé à alimenter un feu de cheminée déjà bien nourri, déjà bien vif, alors Aimée insiste et opte plus franchement pour une posture dite lascive, à savoir que désormais son bras ballant laisse ses doigts caresser la moquette tout en découvrant une épaule et le torse jusqu'à l'origine du sein droit – et son visage, bien sûr, impatient et attentif, inquiet mais narquois, appelle l'homme apeuré qui ne se retourne pas et poursuit ses travaux de cheminée en agaçant inutilement les braises, ce qui désespère Aimée, persuadée qu'il ne la désire plus –, là où se loge le mal (le torse, les poumons) qui les cloue ici, dans ce cadre, cette répétition journalière, cette monotonie automnale, jaune, un peu morte, décevante. Puis un matin, un mètre de poudre blanche, tellement blanche qu'elle est aussi grise et or, recouvre le parc, les maisons, la vallée, les montagnes, le monde, un mètre de poudre blanche suave et veloutée telle une mousse qui, c'est certain, va croître, car le ciel est ponctué, tacheté, pointillé – alors que la pluie trace des traits – d'une vertigineuse multitude de perles blanches (et mousseuses) comme des bouts de nuage desquels elles se décrochent et chutent lentement, hésitantes, pas sûres de vouloir choir, dessinant des serpentins invisibles ou se laissant relever un instant par la brise avant de disparaître, de fusionner avec le tapis de neige. Et l'homme qui n'a jamais rien vu de tel n'en revient pas. Il n'en revient pas non plus de voir des hommes et des femmes, patients de l'institut, médecins, paysans, villageois, se frayer un chemin ou une tranchée en s'enfonçant jusqu'aux genoux dans ledit tapis, voire matelas, glacé et pourtant accueillant ; il n'en revient pas de voir des êtres se déplacer avec tant de difficulté et d'abnégation, les épaules rentrées, le dos courbé, petites carapaces, petites tortues montagnardes tentant de relier un bâtiment à un autre : chalet ferme, sanatorium chalet, ferme commerce, en donnant l'impression d'une grande souffrance, d'une insupportable soumission, comme s'ils comprenaient subitement que la nature n'était pas faite pour eux, alors que lui, l'homme, ne désire rien de plus maintenant que se mouvoir dans la neige et contaminer le paysage de sa présence comme pour compléter sa vision, lui apporter un surplus physique, notamment parce que les sommets, toujours visibles, mieux visibles, qui jusqu'ici lui procuraient une diffuse sensation de dégoût (car trop minéraux, trop rocheux, lézardés de traînées blanchâtres sans aucun souci d'harmonie, pensait-il), lui apparaissent désormais dans toute leur olympienne puissance, tant ils découpent le ciel avec une sorte de provocation calme, de bravoure, projetant ou non, déposant à la bordure du ciel leurs pointes duveteuses d'un blanc solennel, presque sacré, ou du moins pouvant prétendre au sacré ou à quelque chose de semblable, se dit l'homme. Et peut-être, car on ne cherche que ce que l'on connaît déjà, que ce que l'on aimerait toujours voir, pense-t-il en regardant avec autant de délectation et d'effroi les sommets enneigés – notamment celui, plus haut, plus imposant que les autres, mais légèrement écrasé, paradoxalement trapu –, à la montagne de sel qu'il a quittée depuis plusieurs semaines, si ce n'est que la camelle grandit et se réduit, grandit et se réduit (colline, puis simple dôme, puis colline) en diffusant sur les étangs ses reflets roses et gris, mais elle est sa montagne à lui, son pays. Oui, peut-être est-ce pour cela – parce que les montagnes de sel ressemblent aux montagnes de neige – que l'homme désire maintenant peindre les sommets alpins et tenter de comprendre ce qu'ils sont et/ou ce qu'il voit, et c'est dans ce but que dès le matin, tandis qu'Aimée se rend dans les différentes salles du sanatorium pour subir ses soins pulmonaires, tandis qu'Aimée passe ses journées à s'occuper de ses bronches, de ses poumons, il s'habille chaudement et s'enfonce dans la neige à travers des chemins qu'il ne discerne pas, qui n'existent presque plus, s'enfonce dans la neige et marche des heures durant malgré sa désormais vieille blessure de guerre, malgré son boitillement parfois douloureux, slalome à travers les sapins pour, lorsqu'il pense être au bon endroit, avoir le bon angle, saisir – croquis, esquisses, études – cette montagne effrontée qu'il regarde avec des yeux d'enfant (fasciné, impressionné), avec cette innocence de l'œil qui, parce que pour l'heure il ne reproduit que d'un geste souple les formes, se laisse imprégner par les nuances, les couleurs, c'est-à-dire enregistre les couleurs, pas le gris, le bleu, le blanc, l'argenté, mais le gris, le bleu, le blanc et l'argenté de la montagne, pour pouvoir, plus tard, le soir ou le lendemain, les restituer sur la toile où, par la force des choses, parce que subitement son obsession de la montagne blanche chasse l'obsession qui l'a précédée, innocemment la remplace, Aimée n'apparaît plus.

*

Il regarde les toiles qu'il a peintes lors du séjour au sanatorium, lors de son séjour alpin, il regarde ses tableaux de montagne, ses visions et ses représentations de montagne. Il n'est nullement convaincu tant les couleurs semblent avoir été posées là sans souci de cohérence globale, le noir étant seulement noir, le bleu seulement bleu, le blanc seulement blanc, le gris et le vert seulement gris et vert, c'est-à-dire chaque couleur œuvrant indépendamment (ou n'œuvrant peut-être pas), ne signifiant que bien difficilement les formes, bref, c'est décevant, il en convient, ça ne va pas, peut-être parce que son travail est trop brut et schématique, trop radical et abstrait, avec quelque chose de désincarné, de figé, où il n'y a rien de lui, comme s'il s'agissait de commandes ou de toiles peintes par quelqu'un d'autre, certainement parce que la montagne est fixe, infiniment immobile, rigide et solennelle, mais aussi peut-être parce que les Alpes n'ont, comme il se le répète, rien à voir avec lui et que leur rencontre était un accident – aussi a-t-il cru y voir et/ou y trouver quelque chose, mais il n'y a finalement rien vu et/ou trouvé, il ne les a pas comprises et n'a pas su les représenter – ce qui explique qu'il se sente extérieur ou même, pire, étranger à ses tableaux montagnards. Pourtant il y a bien eu cette incompréhensible (donc) volonté de les peindre dès l'instant où il les a vues percer la neige et le ciel, dès qu'il les a vues coiffées de neige et de ciel. Il s'interroge en mordillant le bout du manche d'un pinceau qu'il lance subitement à travers la pièce dans un geste qui doit plus à l'amusement qu'à l'agacement ou l'énervement, l'objet partant bien droit en procédant à une succession de rotations amples donnant l'impression d'un ralenti avant de percuter un petit cadre accroché au mur – une photographie du salin prise au début du siècle – et de tomber en glissant le long du mur pour finir derrière le vieux sofa pelé, moribond, aux teintes verdâtres et caramel limées par le soleil et l'usure, sur lequel il va s'échouer et le peintre se disant que tiens, c'est une idée, ça, à partir de maintenant je laisserai mon pinceau décider, je ferai ce qu'il me dira de faire après l'avoir lancé au hasard, et il se met à rire de cette pensée stupide (d'ailleurs il ne ramasse pas le pinceau, perdu pour de longs mois derrière le vieux sofa), mais étrangement réconfortante et apaisante – abandonner son sort au hasard : délectation –, en tout cas propice à la réflexion. Aussi demeure-t-il allongé et regarde-t-il autour de lui, à travers la pièce exiguë (quatre murs, une porte, une fenêtre), les différents objets qu'il a accumulés et que l'on peut classer en différentes catégories : meubles : outre le sofa sur lequel il se trouve, un fauteuil club au dos et aux bras râpés, griffés, avec une déchirure au niveau de l'assise laissant sortir un peu de garniture en laine ou en crin ; un vaisselier en noyer que l'homme utilise comme rangement (partie basse fermée) et bibliothèque (partie haute ouverte) ; en guise de bureau ou d'établi, une grande planche en chêne posée sur deux tréteaux ; un petit lavabo accroché à un angle du mur ; deux grosses caisses en bois ayant à l'origine contenu des pommes, désormais multi-usages, mais la plupart du temps retournées pour faire office de table basse à côté du sofa ; ustensiles et matériel de peinture : pinceaux, couteaux, toiles, chevalet, palette, tubes, etc. ; objets dits de famille et souvenirs : quelques dessins d'enfances punaisés avec négligence au-dessus du bureau-établi ; la pelle de salinier ayant appartenu à son arrière-grand-père ; une photographie de son grand-père prise avant de partir au front ; une photographie de sa grand-mère assise, les mains jointes sur les genoux, le visage sévère – alors que c'était la tendresse même – sous un imposant chignon ; un chapeau en feutre sans âge qui a été transmis de père en fils ; un étrange santon ressemblant à un fétiche, sale, inquiétant, glauque, que sa grand-mère a acheté à un colporteur il y a une vingtaine d'années ; références artistiques : statuettes en bois ou en métal, trois masques africains (Lega, Fang, Baoulé) et quelques reproductions de tableaux au format A4 (*Les Ménines* de Vélasquez, *L'A an Marco* de Fra Angelico) ou A5 (*Musashi Koshigayazai* et *Azuma-bashi Kinryū-zan Enbō* de Hiroshige), et son regard s'arrête sur celles-ci, deux estampes du maître japonais jointes dans un même encadrement : l'une est un paysage de campagne avec au premier plan, superbe et imposant, barrant la vue comme s'il s'approchait de l'œil, un cerisier en fleur au pied duquel tortillent sur leurs fines tiges quelques boutons jaunes que l'on retrouve plus loin dans la prairie, tandis qu'un autre cerisier au second plan semble ouvrir le paysage, le présenter, notamment la rivière sur laquelle une barque transporte un pêcheur et au bord de laquelle des femmes se promènent sous leurs ombrelles, regardant au loin la campagne, puis les collines, puis le mont Fuji qui se dégage entre les deux cerisiers, s'impose, blanc à la tête écrasée, blanchissant une bande de ciel qui rebleuit doucement avant de s'assombrir brièvement en haut de l'estampe ; l'autre représente des baraquements ou des maisons en bois constituant un port derrière lequel, malgré la végétation, on devine la ville d'Edo (deux édifices que l'on subodore religieux, rouges et gris, jaillissent de la masse verte que composent les sommets des arbres), avec au premier plan un sampan muni d'un toit qui glisse sur l'eau transportant une geisha que le maître japonais ne semble pas avoir le temps de saisir puisque, bien que l'embarcation occupe un bon tiers de l'estampe et obstrue la vue – le sampan coupe la route (si l'on peut dire) de l'artiste, le frôle –, seuls le nœud dorsal d'une ceinture carmin et ocre, un coude sur le bord de la barque, un dos et une épaule (le tout dans un kimono gris aux formes géométriques), un col rouge fleuri et un chignon noir subsistent dans le cadre, tandis que la tête, le visage, les mains, le reste du corps ont déjà disparu hors champ, mais, par contre, même si tout va trop vite et que le temps du regard et de l'émerveillement demeure insaisissable, au loin, perceptible dans l'espace entre le bord du sampan, le chignon, le toit et la poutre arrière gauche du toit de la barque – ce qui constitue un autre cadre –, se dresse ou plutôt s'immisce le mont Fuji, blanc avec sa tête écrasée, éternel, immobile, qui, alors qu'un ciel rouge semble sortir de terre, apaise le crépuscule en blanchissant une bande de firmament afin qu'il puisse rebleuir doucement avant de s'assombrir brièvement en haut de l'estampe.

*

Au préalable, assembler son châssis aux dimensions désirées et y clouer la toile, tendue, lisse, immaculée. Comme un sherpa, mettre la toile sur son dos grâce à un ingénieux système de sangles permettant également de transporter – un ou deux kilomètres ou une centaine de mètres ou même pas – le chevalet qu'il s'agira de monter ou plutôt de déplier. Choisir l'emplacement. Choisir l'angle. Choisir le moment de la journée en fonction de la lumière. Ou attendre la bonne lumière. Puis attendre qu'elle revienne. Attendre jusqu'au lendemain ou, en fonction du ciel, du temps (qu'il fait et/ou qui passe), au surlendemain ou plus tard, sans savoir si cette lumière-là reviendra. Des moments où on ne peint pas. Des jours où on ne peint pas et où on attend. Mais d'abord bien observer. Observer longtemps. Des heures. Observer en ouvrant enfin les yeux, c'est-à-dire en se débarrassant (en tentant de se débarrasser) du savoir, des fantasmes, des concepts. De tout ce qui pollue la chose. Tout ce qui pollue la vue. Ne conserver que la sensation. Voir la chose et l'intérieur de la chose. La chose nue. Alors préparer ses couleurs. Faire ses mélanges. Puis tracer au crayon et à la règle la moitié verticale, la moité horizontale, les deux quarts horizontaux, les diagonales, etc. Les droites, les lignes. Mais plus besoin de faire une esquisse, de dessiner au crayon les contours et les formes, même grossièrement. Observer en ouvrant bien les yeux. Aussi ne faut-il pas reproduire une photographie : elle est infidèle et rapetisse le monde. Elle ne correspond pas à ce que l'œil voit. Il faut être là et voir et sentir (la croûte de sel brûlée par le soleil, l'air marin, les pins, l'huile, la peinture). Peindre ou non le soleil (la vague forme du). Peindre ou non le vent (l'effet du). Questionner. Ne pas se laisser charmer par l'hostilité de la nature, par le sublime kantien, ne pas se « turneriser » et toujours voir une tempête, un tremblement de l'univers. Ne pas tomber dans l'effet, dans le mouvement surnaturel, dans le trop pictural. Penser à Cézanne qui a toujours peint des pommes, puis qui a toujours peint la Sainte-Victoire. L'idée que les plis du torchon placé sous les pommes sont déjà les plis calcaires de la montagne Sainte-Victoire. Le motif. Maintenant peindre. Peindre la camelle. Peindre la montagne de sel depuis la route ou l'intérieur du salin. La peindre en s'éloignant davantage ou depuis la fenêtre de l'atelier. Peindre et repeindre la montagne de sel. Du moins essayer. Essayer de peindre et de restituer ses contours : à la fois acérés et flous, coulants et structurés, comme taillés ; ses couleurs : blanc, mais le blanc du sel, le blanc d'une montagne de sel – pas n'importe quel blanc, pas seulement blanc –, à savoir aussi argent, rose, gris, jaune, ocre, mauve ; sa majesté : montagne tassée mais pourtant tranchante, simple élément du paysage, mais le constituant. Et n'y arrivant pas tout à fait. Pas de façon satisfaisante. Ne réussissant pas à restituer parfaitement ni les couleurs changeantes, fuyantes et insaisissables, ni la forme, elle aussi changeante, elle aussi fuyante, mais différemment, c'est-à-dire pas le jour même, pas en fonction de la lumière, mais petit à petit, sans que cela soit perceptible du jour au lendemain – sauf après un gros orage –, c'est cela, tout en sachant qu'elle bouge et change et que cela sera visible bientôt, en sachant qu'un arrondi devenant pointe ou qu'une bosse devenant creux modifiera la montagne de sel qui ne sera plus celle qui a été peinte, car, tandis que les Alpes, dont la représentation peut varier en fonction de la saison, de l'angle, de la lumière, demeurent la seule et même chose, un bloc, une forme inaliénable que des millions d'années ont forgée, une image peinte de la montagne de sel ne correspond qu'à une réalité éphémère, un étourdissement, un moment qui disparaît.

*

Dans une salle de soixante-douze mètres carrés en U retourné – suffisamment large pour qu'à l'intérieur de celui-ci soient placés et donc cachés des toilettes et un débarras – est exposée, dans le cadre d'une vague rétrospective, d'un hommage municipal, la série de portraits d'Aimée exécutés il y a quelques années, lorsque la maladie de cette dernière fut décelée, puis celle des montagnes peintes lors du séjour au sanatorium, portraits d'Aimée et Alpes qu'un public à première vue hétéroclite observe avec une certaine nonchalance feinte ou une concentration exagérée, ou pas, c'est-à-dire qu'une partie du public ne regarde pas l'exposition, mais s'adonne à ce jeu enfantin et singulier du tintement de verre accompagné de salutations et de sourires distribués entre deux précieuses gorgées, avant que, la soirée avançant, celles-ci ne deviennent goulues, assoiffées, vitales. On a déjà vu ça ailleurs. Et l'homme qui assiste passivement, avec une sorte de tranquillité, de détachement ou de lassitude, aux va-et-vient du public devant ses toiles, se dit : on a déjà vu ça ailleurs, et ce, en pensant peut-être à une autre exposition de ses œuvres ou à d'autres expositions d'œuvres ou encore à d'autres événements de ce type (vernissage) ayant eu lieu ici ou ailleurs et auxquels il aurait assisté ou pas. Il s'ennuie et décide de quitter la salle, tout en n'ignorant pas que son départ apparaîtra comme grossier et/ou orgueilleux, alors que ce qui est davantage une fuite qu'un départ s'explique exclusivement par le fait que, subitement, mais de ces subitement qui n'en sont pas vraiment tant la pensée ainsi formée dormait depuis longtemps au fond de l'inconscient, attendait le bon moment, l'homme, autrement dit le peintre, ne supporte plus ces deux séries (la série d'Aimée malade et celle des Alpes) qui même le dégoûtent, le révulsent absolument, parce que d'une part la multiplication des images d'Aimée malade, alors même qu'initialement il pensait ainsi créer une sorte de sortilège annihilant les effets du mal, rend impossible la suspension de la maladie, son oubli ; et d'autre part le caractère outrancièrement éternel des montagnes telles qu'il les a peintes, leur rigidité, leur obstination passive si facile à représenter l'épuisent, l'accablent, lui rappellent sa stupide extase, son puéril enthousiasme, qui n'étaient que complaisance, facilité, lui rappellent aussi et surtout qu'il n'arrive pas à peindre la camelle, n'arrive pas à peindre sa montagne de sel qui bouge et change, augmente et s'atténue. Aussi, maintenant qu'il se trouve dehors et que lui parvient un brouhaha sourd, feutré, en provenance de la galerie, souhaite-t-il être loin de là et même loin de tout, seul ou seulement avec Aimée, au fond de la forêt, reclus dans il ne sait quelle vallée, il ne sait quel désert, de sable, d'herbes ou de pierres, au fin fond d'il ne sait quelle toundra, bref, envie d'être absent du monde, de ne plus participer, et peut-être même ne plus peindre, ou si, peindre les prochains mois uniquement la montagne de sel, et ne pas y arriver, constater que les toiles, ses toiles qui le dégoûtent, se vendent et font sa notoriété, mais que la seule chose qu'il désire peindre lui échappe, et lui échappe d'autant plus que bientôt, parce que l'état de santé d'Aimée le nécessite, il arrêtera de travailler et quittera le salin et quittera alors sa maison de salinier dans la pinède et la vue sur la camelle depuis la fenêtre de son bureau-atelier – unique raison de la poursuite de son métier –, dans un certain sens quittera aussi la camelle, et bien qu'il n'hésitera pas un seul instant, car rien ne compte plus que la santé d'Aimée, et bien qu'il refusera de se plaindre, car seule Aimée peut se plaindre, cela sera un arrachement, il se verra arraché à sa terre qui lui offrait au réveil (et même le soir) la contemplation de la camelle, arraché à la pinède, à ses parfums poivrés et fleuris, à ses miraculeuses teintes vertes et marron, arraché aussi au salin où, malgré le sel et le soleil qui griffaient sa bouche et mordaient sa peau, il se délectait chaque jour de son complexe agencement, des miraculeux reflets roses, bleus et or de ses partènements ou de l'exubérance des quelques oiseaux, opiniâtres, butés, qui y venaient nicher, il se verra arraché, donc, de ce lieu fondateur et familier, pour ne pas dire familial, ce lieu appréhendé et aimé comme un trésor dont il aurait hérité et envers lequel il aurait une dette, et ce, pour accomplir sa tâche – terme qu'il utilise pourtant sans aucune rancœur ni lamentation – et trouver là une certaine noblesse, absente selon lui de sa pratique de la peinture, comme s'il pouvait, dans cette tâche, se racheter d'un invisible péché ou atteindre une quelconque bénédiction ou du moins accomplir quelque chose dont il serait fier : s'occuper d'Aimée qui disparaît peu à peu, se réduit et fond.

*

Posée sur le lit ou même déposée plutôt qu'allongée, c'est-à-dire sans aucune résistance, le corps totalement détendu mais involontairement : parce qu'il serait dépourvu de muscles, dans un repos supérieur au sommeil, comme parfois ceux de quelques odalisques, lascives, langoureuses, abandonnées sur leur couche, sur un drap ou une fourrure, attendant sans force les caresses, et là le corps d'Aimée posé (donc, plutôt qu'allongé) sur le côté, lui aussi langoureux, presque érotique, une chemise de nuit fine, trempée de sueur, collant au corps qui semble s'affaisser : ventre et seins tombant en direction des draps, coulant en direction du lit, comme pour signifier leur désir de repos, d'être eux aussi déposés et abandonnés, fuyant le corps à l'instar du bras gauche, désarticulé, réclamant son indépendance, son exil de l'épaule en plongeant par-dessus pour rejoindre le droit qui repose contre le drap, déjà amorphe, apaisé, les deux membres se rejoignant pour embrasser ou enserrer quelque chose d'invisible et de rond dans le vide, probablement le vide lui-même, avec les paumes se faisant désormais face dans une étrange et inattendue posture que seule la réalité peut offrir afin d'indiquer le renversement, l'envers, le monde d'en dessous où s'impatiente Hadès que rejoint la femme (Aimée) dont la gorge est transpercée d'un tuyau qui n'est plus relié à rien, à plus aucune assistance respiratoire, mais demeure fixe et droit telle la flèche fichée dans la bouche de Chioné sur un tableau de Poussin – Chioné, écroulée au sol dans son linge après que Diane, flottant dans les airs, lui a décoché une flèche mortelle afin de la punir de son audace sous le regard terrifié de Cécyx, oncle de la défunte, qui accourt vers sa nièce, mais que les jumeaux poupons de celle-ci retiennent, tandis qu'au second plan Dédalion, père de Chioné, terrassé de tristesse, court se jeter dans le précipice –, à la différence près que si elle (Aimée) partage avec le personnage mythologique cette sorte d'érotisme morbide, son visage où poignent de petites touches de soufre donnant à l'ensemble cette couleur crémeuse composée d'un indescriptible dégradé de gris, de blanc et de jaune, est éclairé par un faisceau venant d'un impossible (et inexistant) néon déposant sur sa peau ou à vrai dire faisant de sa peau un voile translucide et fantomatique, quelque chose de statuaire que les globes révulsés tragiquement blancs de ses yeux encore légèrement ouverts et ses cheveux interminables et fins et lisses et homogènes accroissent, confirmant cette évidence que le peintre n'arrive pas à admettre : Aimée est morte, inévitable issue de longues semaines d'agonie durant lesquelles les figures du supplice se sont inscrites sur son visage : surprise, inquiétude, abattement, désespoir… comme autant d'étapes d'un martyre, mais aussi autant de tableaux que le peintre n'a pas pu ou voulu cette fois-ci peindre bien qu'ils (ces tableaux inexistants du martyre d'Aimée) seront pour toujours imprimés sur sa rétine, les images de cette atrocité absurde s'incrustant dans sa mémoire plus que la peinture, plus que n'importe quelle peinture, n'importe quelle image, n'importe quel souvenir, peut-être parce que cela (cette chose faite d'images réelles ou fantasmées, angoissées, de sensations confuses et de douleur) révèle autant sa solitude que son impuissance absolue.

*

Le peu dont il a hérité, personne n'en héritera, il doit se rendre à l'évidence et accepter qu'avec la mort d'Aimée – mais, déjà, sa maladie avait scellé leur sort – la ridiculement fragile lignée forgée avec peine, en serrant les dents et en louant le hasard, par des fils solitaires – père, grand-père, arrière-grand-père – et des femmes résignées, soit rompue et même – parce que rompre suggère une continuité après la cassure – s'achève dans un silence sépulcral, sans que quiconque, hormis le peintre, ne s'en attriste, sans que quiconque ne puisse empêcher qu'elle tombe à jamais dans l'oubli – de petits tableaux, peut-être, rappelleront timidement qu'ils ont vécu un temps, en France, après avoir traversé l'Italie. Et maintenant il lui reste à vivre une vie qu'il n'a pas prévue : celle d'un veuf plutôt que celle d'un époux, celle d'une extinction et non celle d'un père, celle d'un peintre ne peignant plus vraiment, bref, l'envers d'une médaille jamais acquise, jamais portée, mais l'envers tout de même, sa face négative et imprécise, inattendue, sinistre, une vie dépourvue de sens, dépourvue d'envie, ce qui lui fait désormais imaginer – ou peut-être fantasmer – l'éventuel et possiblement incoercible abandon de soi jusqu'à l'indigence et la folie, alors, comme celui qu'apprenti peintre il appelait le Baron, devenir un clochard sale et puant, un clochard aux yeux révulsés d'envie et de haine, dont le corps tuméfié et la peau desquamée sont honteusement dissimulés sous des guenilles crasseuses et raides, résidus d'habits méconnaissables, dormant, hurlant ou quémandant sous des porches ou sur les marches des églises où, peut-être, pour s'acheter de quoi boire, de quoi manger, il essayerait de vendre quelques vignettes religieuses usées, récupérées dans une poubelle à la sortie de quelques catéchismes, saint Jérôme, saint Bonaventure, saint Sérapion, à moins qu'il ne s'agisse de vagues reproductions ou de créations exécutées d'une main désespérée, justement à la manière du Baron, usant comme lui de vieilles couleurs, de vieilles mines, de bouts de craie ou de charbon, dans le but d'impressionner les passants, de les provoquer, d'imposer l'idée d'un clochard de génie capable de composer, avec des rebuts, une nouvelle et ultime Flagellation, une nouvelle et ultime Cène, ou encore une vision dans laquelle, devant un groupe de quatre anges musiciens inspirés, la Vierge et le Christ, assis et piétinant un amoncellement de têtes d'enfants blonds qui s'enfoncent dans des nuages cotonneux et n'en ressortiront jamais, tiendraient chacun dans leur main gauche un cœur duquel jaillirait un rayon transperçant le ciel pour atteindre sur terre un vieil homme, humble et attentif, soutenu par un ange intercesseur soucieux que le Saint-Esprit atteigne sa cible.

*

Appartement en ville. Tout petit appartement en ville, mais peut-être aurait-il pu prendre plus grand. Tout seul dans un petit appartement en ville qu'il aurait peut-être pu prendre plus grand – impression que l'étroitesse de celui-ci est une punition qu'il s'inflige –, mais rien n'est moins sûr, car le détachement, presque le mépris, avec lequel il gère ses finances commence à se faire sentir. Et il ne vend plus aucune toile. C'est que cela fait des années qu'il ne peint plus. Ou presque plus. Il ne peint rien d'autre que la montagne de sel à laquelle il se confronte régulièrement. En vain, selon lui. Il se confronte à la montagne de sel, la peint et, lorsqu'il a terminé, dit qu'il a échoué à la peindre et range la toile dans un placard une fois rentré chez lui. Puis le placard devient trop petit et il range la toile dans sa chambre une fois rentré chez lui, tant et si bien que, au bout de quelques années, la chambre cesse de l'être – il dort désormais sur le canapé du salon – pour devenir placard. Malgré la renommée qu'il avait pu acquérir, en l'absence de nouvelles toiles, sa cote chute. De toute façon, puisque ses anciennes toiles ne lui appartiennent plus et ne lui rapportent donc aucun argent, son retour à l'anonymat lui importe peu. Il faudrait peindre des toiles et les vendre, mais il ne se résout pas à peindre autre chose que la camelle. Il y a là quelque chose d'incompréhensible (d'invisible ou d'inconcevable) pour toute autre personne que lui, d'incompréhensible (d'invisible ou d'inconcevable) pour le spectateur inexistant de ces tableaux qu'il dissimule. Et le petit appartement en ville – c'est-à-dire loin de la pinède et du parfum des pins et des reflets salés et de la mer toute proche, à portée de main – se remplit de tableaux représentant la camelle, mais pas la camelle qu'il voit, lui, recouvrant peu à peu son quotidien d'un voile de folie, que sa situation financière déjà mentionnée n'arrange pas, et alors il pense au besoin de trouver un travail, et bien sûr il contacte ses relations au salin et tente de retrouver son poste – et pour, bien faire, son ancien logement –, mais on lui dit que non, ce n'est pas possible, on voudrait bien, mais ce n'est pas possible, et ce, pour une raison simple : le salin ne tourne plus rond ou plutôt tourne à vide, fonctionne seulement pour irriguer les canaux, faire bouger l'eau et produire du sel à perte, alimenter la camelle pour rien ; période de licenciements, mais certainement pas d'embauches, non, définitivement, l'homme ne retrouvera pas son ancien poste au salin ni son ancien logement avec vue sur la montagne de sel. Alors il reste dans son petit appartement qu'il n'entretient pas, à savoir qu'il n'y prodigue aucun soin, aucune attention particulière, se contente du strict minimum en guise de mobilier, se résigne à conserver aux murs le tissu beige devenu gris empestant le tabac rance et froid des anciens locataires, et hormis dans la chambre une photographie d'Aimée, jeune et lumineuse, et au salon un portrait d'Aimée – son préféré – peint quelques mois avant leur séjour dans les Alpes, et dans l'entrée une reproduction cornée et jaunie de *L'Annonciation du couvent San Marco* de Fra Angelico (qui se trouvait déjà dans son bureau-atelier dans la pinède), rien n'est accroché aux murs – seulement ces trois choses, et le tissu beige devenu gris, et un miroir dans la salle de bain –, ce que l'absence de bibelots, de vases, d'objets sur les meubles et les étagères souligne, et ce, même si, dans un petit cadre en cuir bordeaux reposant sur un ridicule chevalet miniature en bois peint en blanc vernis posé absurdement sur le téléviseur, on trouve une photographie de l'homme, presque adulte, souriant naïvement, affublé de sa panoplie militaire, quelques heures avant de partir à la guerre – photographie étrangement ressemblante, jusqu'au trouble, à celle du grand-père mort au front que le peintre possède encore quelque part, dans un carton. Bref, petit appartement triste dans de tristes tons gris-beige (murs du salon et de la chambre), marron (canapé, buffet, table basse, table à manger, cuisine), jaunes paille (rideaux, placards blanc sali) et orange fané (chaises, tabouret, tapis), qui indiquent chez l'homme une minutieuse volonté de rendre son existence plus terne qu'elle ne l'est, le désir déjà mentionné de se punir comme s'il ne méritait pas mieux, ne pouvait pas prétendre à mieux.

*

Sans jamais faire mention de son ancienne et relative célébrité, il habille les murs et les plafonds, parfois le mobilier, dans des maisons ou des magasins, mais aussi dans des collectivités. Il lui arrive d'être sollicité par un cabinet d'architectes ou de décorateurs d'intérieur appréciant sa patine, lui dit-on. Une fois, il est en charge de réaliser le décor d'une pièce de théâtre : lustres et rideaux, campagne et meules de foin. Mais la plupart du temps il exécute des travaux de rénovation sans intérêt, lorsque ce n'est pas de la simple pose de revêtements muraux, type papiers peints. Cela dit, il retrouve dans son métier de peintre décorateur une satisfaction qu'il avait perdue en quittant le salin et, dans l'artisanat, découvre un lien avec sa pratique de la peinture ou, mieux, apprend des choses sur l'art du peintre, puisque peindre, des tableaux ou des murs, devenant pour lui – ou l'ayant toujours été sans qu'il le sache – un geste d'artisan, c'est cela, quelque chose de modeste et de consciencieux, de généreux et d'appliqué, l'idée de travailler encore et toujours la matière, la modeler, laisser reposer, puis reprendre et obtenir le résultat souhaité ou attendu, désiré ou commandé, et ce, en s'appuyant sur un ordre, un savoir-faire rassurant et, d'une certaine manière, libérateur – la méthode brise quelques chaînes –, sans pour autant être confortable, car réclamant une attention soutenue, une sorte d'abnégation dans l'accomplissement de la chose, dans sa fabrication, sa construction – plus que sa création – nécessitant une concrète et profonde conscience du labeur, c'est-à-dire en refusant, voire annihilant une fois pour toutes la notion de génie, de facilité, d'inné et, plus que tout, de naturel : admettre l'aspect artificiel, factice, de ce qu'il fabrique, accepter que ce qu'il produit soit marqué par la main de l'homme (qui tente de se faire oublier), contienne la trace de l'activité humaine (qui tente de se faire oublier), et non celle de la nature. Ce à quoi il est confronté chaque jour, lorsque par exemple la municipalité lui passe commande d'un trompe-l'œil pour le mur du fond de la salle d'honneur : jouer sur la confusion de la perception, le vrai et le faux, l'existant et le fabriqué, ne plus savoir si l'arbre est arbre ou peinture, si la peinture, etc. Puis réessayer de peindre la montagne de sel. Et donc, la semaine, être peintre décorateur en charge de la rénovation de quelque salle des fêtes et de l'embellissement de quelque hall d'accueil ou devant agrémenter un vaisselier d'un bouquet de fleurs ou les murs d'une administration quelconque par des courbes colorées ou encore posant une tapisserie épaisse, terne et granuleuse. Et donc, le week-end, charger son chevalet, sa peinture et ses pinceaux et se rendre au salin et se positionner soit au bord du gras, soit, lorsqu'il croise un ancien collègue qui le laisse entrer, entre deux partènements afin de peindre encore une fois – en espérant que ce soit la dernière – la montagne de sel en appliquant sur la toile, d'un geste nerveux et calculé, une multitude de traits vifs laissant deviner son empressement, son inquiétude et sa colère.

*

Pour achever la restauration de la petite chapelle Saint-Lazare située aux abords forestiers de la ville, au bout d'un chemin caillouteux qu'il faut parcourir sur moins d'un kilomètre après avoir dépassé la bergerie, le ruisseau, l'arbre courbé et trapu ressemblant à une sorcière enfantine, la municipalité et le diocèse décidèrent de passer commande d'une fresque devant décorer le mur redevenu trop blanc derrière l'autel, en choisissant, de préférence, d'y représenter Lazare de Béthanie, commande à laquelle répondit le peintre, parmi d'autres prétendants, commande qu'il obtint. Connaissant fort peu l'histoire de Lazare, il lut quelques textes et se renseigna sur l'iconographie consacrée à ce proche du Christ, puis il eut l'idée d'une fresque découpée en trois parties, chacune d'elles séparée par un encadrement sobre en trompe-l'œil afin de suggérer un grand triptyque impossible à refermer occupant l'intégralité du pentagone convexe équilatéral que forme le mur, avec, dans le volet gauche, sainte Marthe ou Marthe de Béthanie, une des deux sœurs de Lazare, que le peintre a représentée avec le visage d'Aimée, qui se prosterne aux pieds du Christ, dont les traits sont ceux de celui que l'on appelait le Baron, afin de le supplier de ramener son frère à la vie, tandis que derrière eux s'entassent quelques apôtres semblablement contrariés d'être interrompus durant leur procession ; puis, dans le volet central, devant de rustres apôtres circonspects ou admiratifs, saint Pierre retire les bandelettes liant les mains d'un Lazare ressemblant volontairement au peintre, assis dans sa tombe, les yeux ouverts, vivant, après que Jésus Baron l'a rappelé à la vie sous les yeux reconnaissants et extatiques des sœurs du ressuscité, dont Marthe, toujours représentée sous les traits d'Aimée ; enfin, dans le volet de droite, pendant le repas chez Simon durant lequel les apôtres mangent et boivent, Marthe, à genoux, pour témoigner de sa gratitude, lave les pieds du Christ installé en bout de table, tandis qu'au premier plan Lazare, vêtu et grimaçant, désigne sa sœur du doigt tout en fixant le spectateur. Et ce furent ce geste et ce regard réclamant avec arrogance l'attention du public, le prenant à témoin, le jugeant éventuellement, qui fit d'abord débat lorsque le peintre livra la fresque à des représentants du diocèse et de la municipalité déçus du résultat, mais préférant ne rien dire pour ne pas attiser les braises de la colère des fidèles, contrariés, voire ulcérés par une telle scène ou plutôt les choix du peintre afin de reconstituer cette scène, notamment parce que la fresque dégage quelque chose de gothique, de flamand, une sorte d'animosité, ne serait-ce que dans cette façon de peindre, à l'exception de ceux qui sont clairement identifiables, des personnages inamicaux aux visages tordus et aux nez crochus, ou peut-être est-ce à cause de l'écrasant fatalisme que proposent Lazare ressuscité et son corps sec et décharné, jauni, cireux, comme momifié, qui souligne que le personnage n'accède pas à la vie éternelle, mais est rendu à sa condition mortelle, qu'il n'est pas un corps glorieux, mais un corps humain réanimé, bref, que la mort n'est pas vaincue par la lumière du Christ, mais est seulement retardée. D'autant que le peintre fut incapable ou du moins refusa de défendre son travail, car, à peine avait-il rangé ses pinceaux et jeté un premier regard d'ensemble, qu'il fut traversé d'un profond dégoût teinté d'angoisse en constatant, comme s'il ne l'avait pas désiré, comme s'il s'agissait d'une tragique apparition, la présence du Baron, dont il semblait, malgré lui, suivre le chemin – peinture religieuse ou folie –, mais également débordé d'une grande tristesse en voyant sur le mur de la chapelle Saint-Lazare le visage d'Aimée qu'il avait picturalement ressuscitée, pour ainsi dire, ce qui lui fit l'effet d'un blasphème, d'une profanation.

*

Et puis il oublia et chaque soir faisait les cent pas en ville, maugréant, parfois psalmodiant en silence, parfois s'extasiant devant la possibilité d'à nouveau peindre et notamment peindre un tableau où apparaîtraient des créatures et des formes qui jouissent, libres et folles, dans l'attente d'être unies ; tant de corps et de figures pas encore assemblés, pas encore prisonniers de leur involontaire liage, vivant pour l'heure dans un joyeux chaos leur permettant d'accéder à cette béatitude d'avant l'ordre et la création, d'avant le temps, images fragmentées d'un sujet, comme la montagne de sel avant d'être montagne de sel, c'est-à-dire le sel, le soleil, la hauteur, le blanc, le rose, le jaune, le brillant, les cristaux, les pointes, les courbes, etc., qui seraient présentés en étoile, en molécules perçues au microscope, séparées les unes des autres. Et puis il oublia cela aussi et s'intéressa exclusivement, obsessionnellement à cette image aux dimensions de carte postale trouvée par hasard – ou encore par miracle –, puis découpée, pour être accrochée sans cadre au-dessus du canapé faisant depuis longtemps office de lit, dans une vieille encyclopédie italienne, représentant, derrière la mer léchant les côtes siciliennes et les vallons et les champs laissant deviner une terre fertile et nourricière, l'Etna colossal, menaçant, mortel ; l'Etna : monumentale montagne de sel tabagique que fixe durant des heures, allongé, c'est-à-dire voyant l'image à l'envers, l'homme chez qui, aussitôt – à chaque vue –, naît le désir d'y plonger pour devenir un héros ou un dieu en se laissant recouvrir de terre et de feu, et fondre pour se mêler aux éléments, redevenir liquide puis multitude d'atomes frayant avec les minéraux, c'est-à-dire redevenir ce que l'on a été et être ce que l'on doit devenir, c'est cela, se jeter dans le ventre de la mère qui l'a enfanté, ou quelque chose approchant, c'est cela, redevenir enfant puis fœtus, rien et tout à la fois pour fermer la boucle et poursuivre un mouvement vital : revivifier, ranimer, recommencer, et aussi consacrer la terre, redire l'importance d'être sur et dans la terre, d'être là, ancré, planté, donc pas dans les cieux, être là, mais vouloir également l'isolement, vouloir la montagne ou la forêt, demander que tout s'arrête sauf la nature, sauf la simplicité – et même l'hostilité – de la nature, réclamer que s'arrêtent les affaires des hommes, les échanges entre les hommes, les relations entre les hommes, et alors devenir sauvage, retourner à la solitude primitive, trouver le bois, l'herbe, la terre, l'eau, les bêtes, la pierre.

*

Le salin ferme. Ses infrastructures sont démontées. Plus un gramme de sel n'est produit. Les employés sont replacés ou mis en préretraite. Les différentes portes entre les bassins et les canaux continuent à être régulièrement actionnées de façon à permettre la circulation de l'eau et la préservation de l'écosystème. Le périmètre du salin est entretenu et deviendra à terme une zone protégée. La montagne de sel est devenue colline, puis bute, puis tas. Aujourd'hui elle a disparu. L'homme s'en rend compte un matin en passant par la route menant à la presqu'île. Cela fait des mois qu'il n'est plus venu par ici et qu'il n'a plus essayé de peindre la camelle (des mois qu'il n'a plus touché un pinceau). La peinture occupe toujours ses pensées, mais il se sent incapable de peindre. Il ne peut ou ne veut plus peindre, car il dit qu'il n'arrive pas à saisir le temps. Il ne réussit pas à figer l'instant qui devient passé. Le peintre qui ne peint plus est obnubilé par ses souvenirs et les parfums du passé, par ce qu'il a perdu et voudrait retrouver sans le pouvoir (il croyait que la peinture le pourrait...). Il veut retrouver et être avec Aimée. Il veut aussi redevenir un enfant ou être un souffle qui remonte le temps. Il veut entreprendre le parcours inverse jusqu'à découvrir le paysage de ses ancêtres. Il voudrait se fondre dans l'air de la campagne que respire son aïeul italien et le contempler, fort et digne, tandis qu'il bêche la terre du Piémont. Il aime cette idée ou plutôt cette image. Les images du passé. Il répète « les images du passé » à voix basse, alors qu'il demeure toujours sur le bord de la route, fixant un paysage désormais dépourvu de ce qui le constituait : la montagne de sel. Il se dit que depuis un certain temps il ne se souciait plus de la montagne de sel, mais maintenant qu'elle n'est plus là et qu'il ne peut plus la peindre – la voir pour la peindre –, sa disparition le bouleverse. Il ne dit pas sa disparition me bouleverse, mais il ressent un profond et douloureux trouble, un bouleversement, donc, qui va au-delà de la contrariété. Il y voit même quelque chose de personnel. On le dépossède, on le dépouille, on lui arrache sa seule possibilité de salut. Il pense qu'on lui a volé la montagne de sel. Et, c'est plus fort que lui, maintenant qu'elle appartient au passé, elle devient pour lui plus importante encore, pour ne pas dire essentielle. Le deuil de la montagne de sel – mais aussi du salin, de sa jeunesse, de l'histoire familiale – s'ajoute à celui, indépassable, d'Aimée. La montagne de sel n'existant plus, il se demande quoi faire des tableaux – ceux qui occupent depuis nombre d'années sa chambre – sur lesquels il a tenté en vain, dit-il, de peindre la camelle telle qu'il la voyait. Aussi, une fois rentré chez lui, l'homme les détruit-il sans exception. Son geste, il en est conscient, est celui d'un fou. Il regagne sa chambre qui cesse d'être un placard. Cela fait déjà longtemps que plus personne ne se souvient qu'il a été peintre. On a oublié son nom.

*

Comme s'il s'agissait d'une commande, en appliquant sa méthode d'artisan, en choisissant le réalisme et non le réel, la simplicité plutôt que l'essence, en envisageant l'ensemble dans un souci d'efficacité et de stabilité, réduisant la peinture à son premier effet, à son caractère pratique, il peint (décore) les murs de son appartement, les plafonds de son appartement, et représente, dans son salon, une jungle dense, vert et noir et gris, mais surtout verte, percée anarchiquement par un oiseau ou une fleur, c'est-à-dire par une touche de couleur presque criarde tant le contraste est saisissant, tandis que subrepticement, invisibles sans un regard attentif, les bêtes de la forêt semblent attendre leur proie en se fondant, ton sur ton, dans les feuillages et les ombres, loup, panthère, singe, serpent, toute une faune passive et lugubre, terrorisante, puis, dans la chambre, là aussi sur les quatre murs et le plafond, un paysage et un ciel : le salin vu de l'intérieur, et plus encore, vu depuis le cœur d'un bassin que serait le lit au centre de la pièce avec autour la camelle, sereine, blanc et rose, découpée au burin dans le cristal par le soleil et le vent, bienveillante, mais également le reste du décor, à savoir les hangars derrière lesquels se trouvent la route menant à la presqu'île, les dunes de sable au loin laissant deviner la plage, la mer et les collines protégeant l'isthme et aux pieds desquelles d'autres bassins rose et bleu et blanc chauffent au soleil.

*

Celui qui fut appelé l'homme puis le peintre claque la porte de son appartement et descend lentement les escaliers en caressant plus qu'il ne tient – par envie de toucher le vieux bois laqué et non par manque d'assurance ou d'équilibre – le garde-corps qui le conduit jusque dans le hall d'entrée toujours frais et grotesquement luxueux ou paradoxalement, voire hasardeusement, luxueux étant donné la modestie de l'immeuble, ce qui ne manque pas, une fois encore, de le surprendre (fraîcheur ou luxe contradictoire) tandis qu'il franchit la lourde porte en bois et qu'il se retrouve dans la rue. Peut-être au départ désirait-il seulement sortir pour acheter des cigarettes ou se dégourdir les jambes, enfin, la jambe qui le fait souffrir et boiter sans qu'il s'en rende compte tant cela fait longtemps, puis quelque chose s'est passé ou alors il a pensé à quelque chose et il a poursuivi, il est allé plus loin, sans rien avoir prémédité, n'étant descendu en n'ayant d'autre but que de descendre, puis est sorti sans autre but que de sortir, s'est mis à marcher sans autre but que de marcher, est allé plus loin sans autre but que d'aller plus loin, jusqu'à ce qu'il soit trop loin et qu'il lui paraisse impossible de revenir, et donc il n'est pas revenu et a laissé chaque minute décider de la minute d'après, a laissé la nécessité et son inconscient le guider heure après heure, jour après jour. Ou alors il a tout prévu : après y avoir longuement pensé et avoir envisagé l'endroit où se rendre, il est descendu dans la rue en se disant qu'il allait traverser la ville, puis les champs, puis les collines et d'autres villes parce qu'il avait une idée en tête, un objectif qui ne peut être atteint qu'en quittant définitivement son domicile et en laissant tout derrière lui, ses habits, ses livres et ses meubles, etc. Ou encore est-ce parce qu'il a perdu la raison et qu'il est sorti de chez lui, puis n'a plus su où était son chez-lui ni s'il avait un chez-lui, errant quelques minutes puis quelques heures dans les rues, stupéfait, apeuré par une réalité obscure et ambiguë, non partagée par les silhouettes qu'il croise et refuse de voir, errant donc, mais avançant sous les ordres d'images et de mots qui le percutent au front. Toujours est-il que l'homme qui était peintre a claqué la porte de son appartement et n'y reviendra plus, abandonnant, en effet, affaires personnelles, photographies et vêtements, prenant avec lui – par hasard ou volontairement – seulement un peu d'argent, ses papiers d'identité, aussi une écharpe et un manteau bien que les températures soient chaudes, mais surtout sa grosse sacoche d'artisan peintre et un sac dans lequel il jette divers produits, divers flacons, puis traverse et quitte la ville en marchant d'abord le long de la route, puis au bord de la mer lorsqu'il atteint la côte, où il trouve le soleil bien plus mordant qu'en ville, et le bleu souverain et le sable blanc et cuit, doré, et le bruit d'une planète en mouvement et les parfums antiques de la Méditerranée, mais cela ne va pas, il n'est pas satisfait ou plutôt ce n'est pas ce qu'il recherche, alors il repique dans les terres et croise un bout de ville, parcourt la campagne, puis coupe à travers un, deux villages, puis il arrive au pied des collines qu'il faut franchir et dans lesquelles il s'enfonce sans suivre de chemin, c'est-à-dire au début en enjambant les broussailles et les arbrisseaux de callune et en contournant les pins et les chênes-lièges, en rabattant ensuite avec son bras devant le visage les branches et les feuillages, enfin en écartant à mains nues les murs d'épines et les chaînes de ronce, en plongeant son corps dans la végétation drue, récalcitrante, hostile, il devient cerf frayant pour se frayer un passage, cerf saignant qui éclabousse de rouge le vert, l'orange et le gris des parois végétales en les pénétrant jusqu'à ce qu'à bout de force il s'écroule dans une minuscule clairière, un cercle d'herbe bordé d'arbousiers aux fruits morts ou renaissants, hors saison, têtus, et de roche recouverte de mousse fluorescente et d'arbustes obèses, engoncés ; cercle d'herbe où il s'endort avant la nuit qui vient et avec elle une pluie fine éteignant le feu du sol d'où s'exhalent les odeurs de terre ranimées et de bouquet garni. De toutes parts sortent les insectes et les lézards, les oiseaux et les bêtes de la forêt dont on ne voit que les yeux jaunes étonnés, attentifs, trouant l'obscurité pour épier l'homme endormi qui dans son sommeil se sent épié, se sait épié, mais n'a pas la force de se réveiller et de chasser les curieux inquiétants immobiles jusqu'au petit matin, puis qui disparaissent au moment où la rosée, lourde, gelée, extirpe l'homme de son sommeil, l'homme qui se lève et reprend sa route après avoir récolté l'eau fraîche et éparse dans le creux de quelques feuilles. Il marche dans la forêt sans réel repère si ce n'est le soleil, et encore, pour déterminer approximativement le nord-est, direction suivie, apparemment. À midi il mâche quelques branches de thym et de romarin sans conviction ni contentement et plus tard il s'assoit et s'assoupit à l'ombre d'un jeune pin. Quand il ouvre les yeux, il est allongé en chien de fusil sur le côté gauche et sa tête repose sur la terre, de petits cailloux et des petits bouts de bois se sont fichés dans sa joue et sur sa tempe, produisant, à force, un picotement devenu douleur (qui l'a réveillé). Ses yeux à peine ouverts au niveau du sol surprennent une cohorte de fourmis qui forment deux colonnes se déplaçant, l'une allant, l'autre revenant, entre la fourmilière que suggère un trou et un minuscule et imperceptible endroit de la forêt où se trouve ce qu'elles cherchent ou ont décidé de prendre (insecte mort, bois tendre…), bien qu'elles ne portent rien, ne rapportent rien non plus, avancent seulement en lignes parallèles et en flux inverse, libres de leurs mouvements, sans aucun poids sur leurs épaules. L'homme étend son bras et ramène vers lui ses genoux de façon à créer une sorte de cirque enfermant une partie du bataillon, c'est cela, une cuvette dans laquelle sont prises au piège plusieurs unités des deux colonnes de fourmis encerclées par le corps de l'homme qui contraint leur progression, et alors son autre bras, le droit, jusqu'ici collé de tout son long contre son tronc, endormi, s'élève soudain tel un obélisque que l'on érige, index pointé vers le ciel, demeure une seconde dressé à quatre-vingt-dix degrés avant de basculer en exécutant une légère torsion, une courbe, de façon à surplomber l'arène où paniquent les fourmis sur lesquelles – mais sans en toucher une seule – ou plutôt à côté desquelles l'index toujours pointé vient s'abattre, occasionnant un infinitésimal et donc imperceptible tremblement de terre, se relevant (le bras avec l'index) pour retomber à nouveau tout près d'un groupe acculé, se redressant encore pour s'abattre encore, mais avec davantage de retenue puisque, cette fois-ci, le doigt divin se pose sur une fourmi, exagérément noire, longiligne et bombée, presque dodue, l'immobilisant un instant malgré son obstination, son idiote tentative de poursuivre, d'avancer tout de même, puis la libérant et dépliant ses jambes et ramenant son autre bras afin d'ouvrir le cirque pour délivrer les insectes qui, immédiatement, comme s'il n'y avait point eu d'événement, comme s'ils avaient participé à ce jeu pour faire plaisir à l'homme sans oublier une seule seconde leur mission, leur objectif, reforment deux colonnes parallèles à la direction contradictoire. Debout maintenant, l'homme regarde avec autant de dégoût que d'admiration les insectes volontaires et décidés, maniaques, puis il reprend sa route, il reprend sa marche, entre les arbres et les arbrisseaux ou pénétrant les branches et les ronces jusqu'à ce qu'il aperçoive des signes de civilisation annonçant une ville ou un village, et c'est une ville en l'occurrence qu'il atteint sans l'avoir voulu, mais qu'il n'évite pas, au contraire, car il y entre pour se désaltérer à la fontaine et acheter à manger, mais aussi un couteau et une gourde qu'il remplit en retournant à la fontaine à côté de laquelle il s'assoit, sur un banc, avec comme perspective d'y passer la nuit. Il est encore tôt et en attendant non pas le sommeil qui, il le sait, ne le quittera plus vraiment, sera toujours là maintenant, patient, mais le coucher du soleil, afin de pouvoir s'allonger discrètement, il se distrait en regardant avec curiosité la vitrine de la boutique dans laquelle s'affaire une vendeuse de dos, debout, pieds nus aux ongles vernis rouges, mais portant un jean et, rentré dans le jean, un tee-shirt légèrement bouffant au col large et de couleur perle ayant comme motif quelque chose d'exotique et de fleuri (gros hibiscus rose et palmes de palmier étant les seuls détails clairement visibles) annonçant l'été proche et dissimulant les seins gonflées et le ventre arrondi de cette vendeuse qui se retourne et laisse découvrir un visage lui rappelant avec violence et tristesse quelques tableaux, quelques portraits jadis exécutés pour immortaliser un amour qui pourtant s'est éteint.

*

Il entra pour se mettre à l'abri tant la pluie – rideau de fils métalliques se déployant à travers la forêt depuis le matin –, infatigable, agressive, profitant, dans un surnaturel élan sadique, de l'absence d'arbres suffisamment protecteurs, suffisamment grands et larges, pour poursuivre l'homme, et fut tout de suite saisi par cette odeur si particulière de vieille cave, de vieux cagibi que peuvent avoir certaines maisons tout entières – ou, comme ici, une chapelle –, à savoir ce mélange de poussière, de moisissure et d'humidité figée dans le plâtre qui, habituellement, lui faisait horreur, mais qui, aujourd'hui, avec l'épuisement d'un corps engourdi par le froid tenace et lourd, un corps suppliant le repos et un toit, lui parut futile, de l'ordre du détail, alors, sans même attendre que la nuit arrive, se laissant couver par la pénombre qui avait gagné la chapelle, il s'allongea entre les deux seuls bancs en bois présents dans l'édifice dépourvu d'autres objets, à l'exception d'une statuette de la Vierge nichée dans le mur du fond ; deux petits bancs blanchis par la saleté, parfaitement perpendiculaires aux murs des côtés et parallèles entre eux, deux petits bancs qui lui offrirent, à la différence du reste de la chapelle – périmètre bien mince et vide –, l'impression d'une illusoire protection, d'un contenant dans lequel il s'endormit. Lorsqu'il se réveilla, avant même d'ouvrir les yeux, il sut qu'il ne pleuvait plus, car le silence dans et autour de la chapelle était total et l'odeur de renfermé s'était accrue du parfum pestilentiel de l'eau entamant son croupissement suite à l'averse, mais après avoir ouvert les yeux, c'est-à-dire après avoir laissé passer les quelques minutes de somnolence qui lui étaient désormais nécessaires chaque matin pour passer de l'endormissement au réveil, de la nuit au jour – ce besoin de transition qu'ont les vieux corps incapables de passer d'un stade à l'autre sans que tout soit découpé, développé, car les organes ne démarrent plus aussi promptement qu'avant ou que l'inconscient appel au ralentissement de tout l'organisme afin de se donner l'illusion de vivre plus longuement –, il constata à regret, tant la chaleur, profitant que la porte d'entrée était restée ouverte, avait rempli l'espace et promettait une belle clarté, que le jour n'entrait que timidement dans la chapelle encore plongée dans une semi-obscurité, notamment parce que l'unique petite fenêtre demeurait obstruée par un large volet vermoulu qui, peut-être, n'avait plus été ouvert depuis des décennies, empêchant ainsi le soleil de rentrer et les spores de sortir, raisons qui décidèrent l'homme à les pousser à peine fut-il levé, mais, gonflés par l'humidité et la pourriture, endormis de longues années durant lesquelles le bois qui les composait avait cru redevenir arbre, les volets résistèrent, inflexibles, laissant seulement échapper quelques craquements épais, comme ceux d'un squelette entendus à travers la chair, à savoir étouffés, inquiétants. Alors l'homme alla dehors chercher une grosse pierre ronde et, l'empoignant à deux mains, la souleva au-dessus de sa tête quelques secondes, statufié, avant de l'abattre, moins avec force que grâce à l'inertie, au centre des volets, qui se brisèrent et s'ouvrirent, permettant aux rayons de se déverser telle une vague retenue par un barrage pour éclairer la chapelle et dévoiler une jolie petite fresque tellement abîmée, tellement discontinue et morcelée qu'elle faisait penser à un calque, une sorte de palimpseste exhumé du mur par la lumière, représentant l'Eucharistie ou plutôt devant la représenter tant les fissures et les portions manquantes de mur, en fragmentant la fresque, en séparant le Christ des apôtres, semblaient rendre impossible l'exécution du Saint-Sacrement. Et l'homme en fut bouleversé – tristesse suscitée par l'œuvre brisée, non pas inachevée mais altérée, en phase de décomposition ; malaise que produit le geste en suspens, entravé, empêchant la scène de se réaliser ou pire, inversant le cours de l'action, inversant sa temporalité en la tirant vers l'abstraction puis la disparition – au point qu'il lui apparut obligatoire si ce n'est vital de combler les vides, combler les manques, vital de réparer afin de joindre ce qui devait l'être, traits, couleurs, protagonistes, et rendre à l'Eucharistie son accomplissement. Aussi, fouillant dans sa sacoche afin d'y extraire ses couleurs, ses pinceaux, son matériel d'artisan emporté pour ainsi dire machinalement, sans y penser, sans savoir ce qu'il en ferait tout en sachant qu'il ne l'abandonnerait pas, ne le jetterait pas durant son périple – recevant rétroactivement, devant la nécessité, une raison d'utiliser ce matériel encombrant (à moins qu'avant son départ la chapelle lui ait commandé silencieusement de le prendre) –, l'homme se mit-il à restaurer la fresque, remplissant, après avoir creusé le sol à mains nues autour du bâti afin de trouver de la terre crue suffisamment argileuse dans cette région, les trous dans le mur, les parties de mur manquantes, puis restituant au pinceau les formes et les couleurs, comme ce jeu enfantin et initiatique des points qu'il faut relier pour pouvoir colorier les zones closes et faire apparaître un oiseau ou une cathédrale, c'est-à-dire peignant objectivement, sans engagement émotionnel ni esthétique, sans liberté ni ajouts de signes personnels : la simple et précise réalisation d'un exercice, d'une tâche dont l'aboutissement, pourtant, est porteur de satisfaction, de joie – et après avoir reculé de quelques pas pour regarder dans son ensemble la fresque reconstituée, l'homme fut satisfait et heureux et apaisé. Il passa une nouvelle nuit dans la chapelle et, au fond de l'obscurité violette, il sentit qu'une main secouait légèrement son épaule, alors il ouvrit les yeux et vit un bras recouvert d'un tissu noir à l'apparence rêche et tendue, tissu de piètre qualité ou ostensiblement modeste, désirant mettre en avant l'humilité de l'individu qu'il aperçut, au bout du bras, le secouant encore bien qu'il fût maintenant éveillé, individu penché sur lui, barbu d'une barbe taillée, les cheveux bien coiffés sur le côté au départ d'une raie précise, lui souriant d'un sourire attendri mais étrangement insistant, trop plein de bonté et de patience, le sourire de ceux qui pensent avoir compris avant les autres et attendent compatissants l'illumination de leur interlocuteur, un sourire de prêtre ; c'était un prêtre qu'il put identifier en tant que tel grâce à son col romain et à la croix en bois qui pendait autour de son cou au bout d'une cordelette noire, mais aussi parce que l'individu se mit à lui parler en disant mon fils, le Seigneur vous a guidé jusqu'ici, dans cette chapelle où vous avez accompli la mission qu'Il vous avait confiée : l'embellissement de Sa maison qui est aussi la vôtre, mon fils, car tels sont les desseins du Tout-Puissant, puis le prêtre s'arrêta de parler et son visage se crispa, euphorique, subjugué par ce qu'il venait de dire ou ce qu'il s'apprêtait à dire, peut-être par une nouvelle idée qui lui vint et l'excitait tellement qu'il lui fallait reprendre son souffle avant d'ajouter, plus calmement, mon fils, l'Eucharistie que vous avez ravivée est votre communion, le sésame qui vous ouvre les portes de la foi, les portes menant à Dieu et à Son amour infini, vous êtes désormais le gardien de cette chapelle que vous ne quitterez plus, car la fin du monde est proche, car l'homme est arrivé au bout de son parcours et chacun doit saisir la main que le Seigneur lui tend avant la fin des temps, conclut le prêtre en riant de son bon mot eschatologique, puis il disparut, et l'homme se rendormit avant que le soleil, dont les rayons passaient désormais aisément à travers la fenêtre sans volets, vînt le réveiller du bout des doigts. Aussi se leva-t-il et rassembla-t-il ses affaires avant de sortir et de reprendre sa route perturbé par la certitude que celui qu'il appelait le Baron, habillé en ou devenu curé, le surveillait, le suivait.

*

Il évita les villes et les villages, traversa d'autres forêts et gravit d'autres collines, marchant sans plan ni guide, sans autre but que de trouver quelques oratoires, quelques chapelles isolées, certaines abandonnées, qu'il avait plaisir à décorer, dans lesquelles il peignit des scènes religieuses traditionnellement exécutées, au début, puis de plus en plus fantasmagoriques, de plus en plus démentes au fur et à mesure de son périple, comme si la fatigue et la faim, le soleil et le silence lui faisaient peu à peu oublier les représentations bibliques qu'il avait jadis connues, comme s'il semait sur son passage, sur des murs neutres entre lesquels peut-être seuls des bergers perdus ayant laissé leurs chèvres devant la porte venaient se recueillir, les images et les aventures d'une religion qu'il inventait au gré de ses visions, un culte à la fois animiste et païen, humain et bestial, dont les épisodes se situaient au pied d'une montagne, de neige ou de sel, ou d'un prodigieux volcan, un Etna antique enfantant de nouvelles divinités ; collines, forêts et hameaux parcourus, comme explorés à la manière des moines peintres d'icônes de l'ancienne Russie, guettant l'apparition d'un mur, d'un édifice entre les arbres et les ronces, une chapelle, donc, qu'il pouvait restaurer et/ou décorer, peindre à sa guise, la sublimer ou l'avilir en couvrant ses parois de couleurs et de formes, qu'elles soient lisses ou faites d'un amoncellement de pierres brisant les contours et les traits, brouillant les visages, floutant les corps, c'est-à-dire transformer ces lieux en œuvres, comme un ultime orgueil, mais sans faire l'affront de les signer. Jusqu'à ce qu'un jour, devant une nouvelle chapelle, il vît diverses statuettes de bois, divers petits tas de pierres, mais aussi des outils rudimentaires et artisanaux, et des taches sombres sur le sol et des carcasses d'oiseaux ou de lièvres – plumes, os, poils –, et enfin et surtout le cadavre écorché encore chaud et sanguinolent d'un jeune cerf odorant au-dessus duquel volait un escadron de mouches ayant entamé ses travaux de putréfaction en furetant dans le ventre ouvert de l'animal rappelant à l'homme une ancienne nature morte que lui avait offerte la jungle au petit matin, si ce n'est que cette fois-ci la bête, vidée de ses tripes, avait eu la gorge chirurgicalement entaillée, la peau et les bois chirurgicalement retirés, les cuisseaux chirurgicalement défaits de l'arrière-train, ce qui lui confirma que le jeune cerf devenu gibier avait été chassé et tué par des mains humaines appartenant à l'homme ou la femme qui avait investi les lieux, fait de cet édifice étroit sa demeure ou du moins son toit, un homme ou une femme que l'homme entendait respirer à l'intérieur de la chapelle où, certainement, il ou elle dormait en ce moment même, éventualité fortement probable indiquant qu'il ne le ou ne la verrait pas à moins d'attendre patiemment qu'il ou elle ne sorte, et, soudainement submergé par l'idée de le ou la rencontrer pour parler à un autre être humain, ce qui ne lui était pas arrivé depuis il ne savait plus combien de semaines, il attendit immobile, se laissant lentement envahir par l'odeur de la viande qui se décomposait, puis aussi soudainement il prit peur de voir cet homme ou cette femme et se retrouver devant un miroir.

*

Le jour lui révéla ce que lui avait dissimulé la nuit, c'est-à-dire non pas seulement les détails du lieu qui s'étaient dérobés à son regard lorsqu'il entra dans le village alors que l'obscurité s'était complètement installée, mais l'ensemble même du lieu dont il n'avait eu, avant de s'endormir sur un muret, qu'une appréciation vague et forcément erronée, par exemple concernant le trottoir contre lequel il avait buté et qui s'avérait être un gros bout de pylône en béton abandonné couché ; la grange qu'il se figurait, un auvent à bestiaux, et la fontaine supposée, un ridicule tuyau s'extirpant d'un tas de pierres, de terre et de mousse ; jusqu'au muret sur lequel il était encore allongé et qui n'était en fait qu'un simple banc en roche, bas, large, non taillé, rudimentaire et peut-être bien hasardeux. Outre l'évident mais pourtant toujours surprenant lever de rideau sur les illusions, le jour offrait aussi, pour ainsi dire, son nerf de déception en dévoilant la laideur de ce village de montagne entre deux époques et deux désirs, à la fois rustique et artificiel, éternel et faussement neuf, comme un décor raté où se mêlent les tentatives d'habitations et les tentatives industrielles et agricoles (chalet-menuiserie, maison-centrale électrique, chalet-bergerie), un bloc disparate, inharmonieux, voire chaotique, dégageant une odeur soufrée et terreuse, une sorte de puanteur humide, de saleté inacceptable et surnaturelle qui rappelle le pourrissement interne et souligne de ce fait l'impossible ou l'indésirable adaptation de l'humain dans la montagne – son rejet. Aussi l'homme croit-il être en enfer ou du moins à ses portes. Mais il n'y est pas. Il se réveille seulement ce matin dans un triste village après lequel – encore un col – se trouve la frontière qui les sépare, et le village et l'homme, de l'Italie qu'il devine et fantasme un instant tandis que son regard se perd dans les montagnes noir et blanc, encore blanches, dit-il, oui, encore blanches, notamment celle, un peu écrasée, un peu trapue, qui semble, à quelques kilomètres à peine, le toiser, le provoquer, en tout cas l'appeler, de ça, il en est sûr, la montagne l'appelle afin qu'il s'y rende, qu'il y aille, qu'il la rejoigne. Comme il se sent vieux et fatigué, très fatigué – ces semaines de silence, ces distances qu'il parcourt sous le soleil ou la pluie, la grâce des chapelles et les fantômes, ces villes bruyantes et ces villages déserts, ses sacs (ses couleurs, ses bouteilles, ses pinceaux) qu'il trimballe (l'un dans son dos, un autre en bandoulière, encore un autre sous le bras) –, il ne se précipite pas et préfère sortir un carnet pour dessiner, notamment parce que, en réalisant qu'il va bientôt traverser la frontière, il se souvient de quelques célèbres franchissements des Alpes immortalisés par de non moins célèbres artistes, une demi-douzaine de tableaux sur lesquels il a, dans sa jeunesse, réfléchi, et qu'il décide de reproduire, ne serait-ce que trois d'entre eux, mais puisqu'il s'agit de copies faites de mémoire et aussi et surtout parce que l'homme, bien que persuadé d'être le plus fidèle possible au souvenir qu'il conserve de chacun de ces tableaux, est gâté par sa vision du monde – réel travesti –, les formes et les traits apparaissant sur la feuille sont suffisamment éloignés des versions originales pour que quiconque ignorant le projet de l'homme ne pense ni aux modèles ni même à l'évocation d'un franchissement des Alpes, car, outre peut-être cette masse gris et blanc préfigurant sans doute une montagne, l'espace est recouvert de couleurs réparties comme une succession d'explosions dissimulant, par exemple, pour le premier dessin, un Napoléon farcesque à la tête de fruit.

*

La peau qui pend maintenant, même aux coudes, aux genoux, aux poignets, c'est-à-dire aux parties les plus osseuses, les moins susceptibles de voir la peau pendre, mais maintenant elle pend là aussi comme semble pendre chaque membre lié avec précarité au reste du corps, chaque centimètre de ce corps tout proche de sa date de péremption que la vieille blessure à la jambe ressemblant, après tant d'années, à une mauvaise couture (un défaut de fabrication) annonçait, aussi y pense-t-il, à cette date de péremption, bien que pour l'heure il flotte nu et se sente, certainement pas jeune, mais apte et même utile, c'est cela, utile à l'univers et pour l'heure dans ce lac entouré de montagnes, ce petit lac entouré de grandes montagnes formant un cirque (le lac et son périmètre) duquel elles (les montagnes) seraient les gradins, sans pour autant que l'homme ne ressente – pas une seule seconde –, au centre de ce cirque ou de cette arène bordée d'infranchissables masses rocheuses, l'enfermement, la claustration, car, dit-il, les montagnes sont des murs paradoxaux offrant une vue de l'immensité, de l'infini, dit-il toujours, quelque chose d'à la fois vertigineux (angoissant) et de paisible (rassurant), une sensation pouvant être résumée par cette phrase prononcée pour lui-même : grain de sel minuscule dans tout ça, mais faisant partie de tout ça. L'angoisse et l'apaisement, donc, au centre du petit lac sur lequel l'homme flotte nu fixant le ciel en faisant difficilement la planche, puis, se redresse, maintenant sa tête hors de l'eau en brassant celle-ci anarchiquement mais calmement avec ses bras tandis que ses jambes procèdent à quelques battements lents et réguliers, ainsi se stabilise-t-il afin de pouvoir regarder plus en détail un des sommets perpétuellement enneigé qui ressemble ou plutôt est la montagne de sel s'imposant parmi les monts alpins ou a-t-elle toujours été là, révélant seulement aujourd'hui son ancestrale et surnaturelle, voire prodigieuse appartenance au massif alpin, à moins que l'homme ne soit arrivé à un moment de son existence où tout se mêle, les époques et les lieux, les paysages et les rêves, ou encore – autre hypothèse – est-ce le monde qui s'est plié au désir de l'homme et s'est rassemblé en une seule image dans laquelle se concentrent ses obsessions et ses défaites – mais peut-être s'agit-il d'un don subitement acquis par le peintre, qui voit uniquement ce qu'il désire peindre ou, presque inversement, une faculté qu'aurait le monde de se replier sur lui-même, et ce, à la bonne page, pour attirer à lui ou dans lui le peintre, l'homme, peu importe, attirer celui-ci pour l'avaler ou le pousser à se jeter dans les entrailles de la terre depuis le sommet d'une montagne.

Cet ouvrage a été imprimé en France par
CPI Bussière
Z.I. rue Pelletier Doisy
18200 Saint-Amand-Montrond (France)

pour le compte des Éditions Fayard
en février 2020

Photocomposition Belle Page

Dépôt légal : février 2020
N° d'édition : 28-2264-8/01 - N° d'impression : 2050083